화르르 뜨겁게 타오르는 불

사람들은 날마다 불을 사용하고 있어.
불로 음식을 익히고, 추위를 피하고,
도구를 만들고, 어둠을 밝히지.

그런데 만약 불을 사용할 수 없다면?

겨울이 훨씬 길고 춥게 느껴질 거야.

사람들은 겨울이 되면 난로를 켜거나 보일러를 틀어.
그런데 난로나 보일러도 불이 있어야 쓸모가 있어.
난로는 불을 피워 열을 내는 기구이고, 보일러는 불로 물을 가열해
집 안을 따뜻하게 하는 장치거든.
그럼 전기난로나 전기장판을 쓰면 된다고? 물론 그럴 수도 있어.
그런데 말이야, 전기를 만들 때도 불이 가장 많이 쓰인다는 사실!
불이 사라지면 겨울마다 이런 모습을 볼지도 몰라.

나무와 돌로 만든 도구를 써야 할 거야.

사람들이 쓰는 여러 가지 도구를 만들 때도 불이 필요해.
불이 없으면 금속이나 유리를 녹일 수 없으니 도구를 제대로 만들 수 없지.
어쩌면 돌도끼와 돌칼을 사용했던 석기 시대처럼 살아야 할 수도 있어.
물론 자동차와 비행기 같은 교통수단도 이용하기 힘들 거야.
불이 사라지면 이런 모습으로 살지도 몰라.

쓰레기가 거대한 산처럼 쌓일 거야.

사람들은 오랫동안 쓰레기를 불로 태워 없애 왔어.
태우는 것만으로도 쓰레기 양이 아주 많이 줄어들거든.
그런데 만약 불이 없다면 전 세계에서 나오는 쓰레기가 계속 쌓여 갈 거야.
사람들이 버리는 쓰레기의 양은 생각보다 엄청나게 많기 때문에
지구는 온통 쓰레기 천지가 될 거야.
불이 사라지면 지구가 이렇게 변할지도 몰라.

웅진 주니어

야무진 과학씨 10 **화르르 뜨겁게 타오르는 불**

초판 1쇄 발행 2012년 2월 6일 | **초판 25쇄 발행** 2024년 2월 27일

글 성혜숙 | **그림** 주순교 | **감수** 최병순 | **기획** 아우라

발행인 이봉주 | **도서개발실장** 안경숙 | **편집** 아우라(김수현 이민화 이혜영 조승현), 이유선
디자인 퍼블릭디자인섬 | **마케팅** 정지운, 박현아, 원숙영, 김지윤, 황지영 | **제작** 신홍섭

펴낸곳 (주)웅진씽크빅 | **주소** 경기도 파주시 회동길 20 (우)10881
문의전화 (031)956-7403(편집), (031)956-7569, 7570(마케팅)
홈페이지 www.wjjunior.co.kr | **블로그** blog.naver.com/wj_junior | **페이스북** facebook.com/wjbook | **트위터** @new_wjjr
인스타그램 @woongjin_junior | **출판신고** 1980년 3월 29일 제406-2007-00046호 | **제조국** 대한민국

글 ⓒ 성혜숙 2012 (저작권자와 맺은 특약에 따라 검인을 생략합니다.)
ISBN 978-89-01-14075-9 74400 / 978-89-01-10292-4 (세트)

웅진주니어는 (주)웅진씽크빅의 유아·아동·청소년 도서 브랜드입니다.
이 책은 저작권법에 따라 보호받는 저작물이므로 무단전재와 무단복제를 금지하며
이 책 내용의 전부 또는 일부를 이용하려면 반드시 저작권자와 (주)웅진씽크빅의 서면 동의를 받아야 합니다.

잘못 만들어진 책은 바꾸어 드립니다.
※주의 1_책 모서리가 날카로워 다칠 수 있으니 사람을 향해 던지거나 떨어뜨리지 마십시오. 2_보관 시 직사광선이나 습기 찬 곳은 피해 주십시오.
웅진주니어는 환경을 위해 콩기름 잉크를 사용합니다.

화르르 뜨겁게 타오르는 불

글 성혜숙 그림 주순교 감수 최병순

웅진주니어

야무진 과학씨, 불꽃으로 변신!

안녕? 난 이번에 아주 작은 불꽃으로 변신했어.
성냥을 켤 때 화르륵 생겨나는 불꽃으로 말이야.
그래서 이름도 '화르륵'이지!
난 아직은 작은 불꽃이지만 적당한 환경만 주어지면
커다란 불로 자랄 수도 있어.
그러니까 작다고 날 무시하면 곤란해.
앞으로의 가능성을 봐야지, 안 그래?
그럼 나와 함께 불의 세계로 떠나 볼까?
자, 힘차게 출발!

차례

불의 정체는?

16 _ 자연에서 생겨난 불
21 _ 불은 물질의 근원?
26 _ 불은 물질이 아니라 현상
30 _ 불은 빛과 열

불을 만드는 세 친구

38 _ 숨 쉬게 하는 산소
44 _ 불에 타는 물질
48 _ 발화점보다 높은 온도
56 _ 불을 다루는 법

불이 타는 모습

64 _ 불꽃이 생기는 과정

71 _ 불꽃의 모양

76 _ 불꽃의 온도와 색깔

82 _ 불이 타고 난 뒤

불이 하는 일

86 _ 그릇을 만드는 불

92 _ 금속을 다루는 불

96 _ 폭발하는 불

104 _ 에너지를 만드는 불

110 _ 마치며

112 _ 야무진 백과

114 _ 감수자의 말

불의 정체는?

불이 타오르는 곳은 늘 환하게 빛나고 따끈한 열기가 감돌아.
불은 이렇게 빛과 열을 내서 사람들의 생활에 많은 도움을 줘.
하지만 불은 잡아 둘 수도, 만질 수도 없기 때문에
오랫동안 정체를 알기 어려웠단다.
정해진 모양도 무게도 없이 황홀하게 타올랐다가
흔적 없이 사라지는 불. 불은 과연 무엇일까?
사람들은 불의 정체를 어떻게 밝혔을까?

자연에서 생겨난 불

　넌 지금부터 나 화르륵과 함께 불의 세계를 여행할 거야. 맞아, 바로 그 활활 타오르는 아름답고도 무서운 불의 세계 말이야. 세상 곳곳에는 나와 같은 작은 불꽃들이 아주 많아. 어떤 불이든 처음엔 나처럼 작게 시작되지만, 언제든 세차게 피어오를 준비를 하고 있지.

　사실 우리는 하나하나 셀 수 있는 존재가 아니니까 많다고 하면 안 되지만, 세상 어느 곳에서나 불은 피어오를 수 있으니까 많은 거라고 해 두자고. 어쨌든 난 너에게 불 이야기를 전해 줄 특별한 불꽃이라는 걸 기억해 둬. 내 이야기가 너무 길었지? 자, 그럼 불 이야기 시작이야!

　넌 언제 불을 사용하니? 참, 우리는 때때로 위험해지곤 하니까 네가 직접 불을 만지는 경우는 별로 없겠구나. 하지만 분명 부엌의 가스레인지나 생일 케이크 위에서 환하게 타오르는 불을 본 적은 있을 거야. 지금은 모든 사람들이 불을 쓸 줄 아니까 말이야.

　하지만 사람들이 처음부터 불을 자유자재로 썼던 건 아니야. 지구에 인류가 살아온 시간은 무려 500만 년이 넘지만, 불을 사용한 것은 불과 100만 년 정도밖에 안 되거든. 아주 먼 옛날 사람들은 불을 사용할 줄 몰랐어. 대부분 우리 불을 두려워했거든. 그 시절에는 화산이 폭발한 곳이나 번개가 친 자리에서 우리가 저절로 생겨난다는 것 말고는 우리에 대해 아는 게 거의 없었어. 또 큰불이 나면 숲이 모조리 타 버리거나 많은 동물들이 생명을 잃는 걸 보았을 테니 우리를 겁낼 만도 했을 거야.

그래도 다른 동물들은 모두 우리를 보면 도망칠 생각부터 했는데, 사람들은 조금 달랐어. 한번은 말이야, 한창 불이 치솟는 걸 보면서 "괴물이 나타났다!"라고 소리치는 사람이 있었어. 뭐, 사람이라고 하기엔 털이 덥수룩한 원시인 수준이었지만. 어쨌거나 그렇게 깜짝 놀라 고함을 치면서도 돌을 던지고, 막대기를 휘두르면서 우리를 물리치려고 덤비더라니까. 물론 내가 막대기까지 불태워 버렸지만. 흐흐흐.

저리 가! 사라지라고.

하여튼 사람들은 못 말리는 호기심 덩어리야. 무서워하면서도 우리 불에 관심을 가졌으니까. 바로 그 호기심과 관찰력 덕분에 우리를 자유자재로 쓸 수 있게 된 거지만.

시간이 지나자 사람들은 우리를 사용하는 유일한 생물이 되었어. 하지만 그뿐이었지. 불을 사용하긴 했지만, 불을 피우는 방법은 알지 못했던 거야. 그래서 사람들은 불을 사용하기 시작한 뒤로도 수십만 년 동안이나 자연의 힘을 빌려야만 했단다. 단지 화산에서 뿜어져 나오는 용암이나 번개, 자연적으로 발생한 거대한 산불에서 불을 가져다 쓰기만 한 거야. 불을 사용할 줄 알고, 불을 지키려고 노력했지만 어떻게 하면 불이 생기는지 몰랐던 거지.

그래서 옛날 그리스 사람들은 불을 신들의 세계에서 가져온 아주 특별한 것이라고 생각하기도 했어. 번개를 치게 하는 신, 즉 제우스가 숨겨 놓은 불을 프로메테우스라는 거인족이 훔쳐 와서 사람들이 사용하게 된 것이라고 믿었지. 물론 이건 상상 속의 이야기지만, 그리스 사람들이 불을 사용하는 것 자체를 신들의 세계와 관련지을 만큼 엄청난 일이라고 생각했던 것을 알 수 있어.

불을 피운다는 건 사실 쉬운 일이 아니야. 그래서 사람들이 처음

구름끼리, 또는 구름과 땅 사이에 갑자기 많은 전기가 흐르면 번쩍이는 불꽃이 생겨. 바로 번개가 치는 거지. 나무가 많은 숲 같은 곳에 번개가 떨어지면 큰불이 나지.

지구 속 한가운데는 불타는 태양만큼 뜨거워서 암석들이 흐물흐물하게 녹아 있어. 이것을 마그마라고 해. 마그마가 땅의 갈라진 틈을 뚫고 땅 위로 뿜어져 나오는 게 화산 폭발이야. 화산 폭발로 생긴 불은 주위로 옮겨붙어 큰불이 되지.

불을 쓰기 시작했을 때는 저절로 피어나는 불을 가져다가 꺼지지 않게 조심조심 지키는 것만으로도 힘들어했어. 하지만 50만 년에 걸친 기나긴 세월이 흐르면서 사람들은 이 화르륵 님 같은 불꽃을 눈여겨보는 영리함을 보여 주더라고! 돌끼리 부딪칠 때 번쩍 빛나는 불꽃을 이용해서 불을 피울 생각을 한 거야.

지금이야 성냥이며 라이터 같은 불을 붙이기 위한 발명품 덕분에 언제든 불을 피울 수 있지만, 불을 피우는 건 정말이지 엄청난 기술이야. 아무나 못하지. 너도 한번 시도해 볼래? 아마 여간해선 불꽃을 만들기 힘들걸? 불꽃을 만들기도 전에 기운만 쏙 빠질 거야. 또 방법을 안다 해도 우리가 그렇게 호락호락 아무 데나 냉큼 달려가진 않아. 그래서 지금으로부터 300년 전까지만 해도 불을 꺼뜨리지 않고 잘 보관하는 것이 아주 중요한 집안일이었어.

불은 물질의 근원?

우리 불은 아주 오랫동안 사람들과 함께 지내 왔어. 기록이 전혀 남아 있지 않은 원시 시대부터 최첨단 기술을 사용하는 지금까지, 사람들은 다양한 도구를 만드는 데 우리 불을 사용하고 있지.

사람들이 처음 불을 만들어 내던 그 순간, 사람들은 환호하며 기뻐했지. 하지만 불을 여전히 신에게서 받은 선물이라고 생각할 뿐이었단다. 뜨겁고 황홀하게 빛나는 우리를 우러러보며, 불꽃이 피어나는 것을 마법 같은 일로만 여겼던 거야.

너는 불이 뭐라고 생각하니? 설마 너도 우리를 정체 모를 신기한 현상으로만 여기니? 괜찮아, 너만 그렇게 생각하는 건 아니니까. 우리가 워낙 신비한 존재라서 과학자들조차 아주 오랫동안 우리의 정체에 대해 알지 못했단다.

그럼 아주 먼 옛날 과학자들은 우리 불을 어떻게 생각했는지 한번 들어 볼래? 그러려면 지금으로부터 약 2500년 전인 기원전 500년쯤의 고대 그리스로 떠나야 해. 그때는 그리스 철학자들이 이 세상을 이루고 있는 모든 물질의 가장 근본이 되는 성분, 즉 **원소**가 무엇인지에 대해 열띤 논쟁을 벌이곤 했거든.

그리스 철학자들 중에서도 헤라클레이토스는 불이 모든 물질의 근원이 되는 원소라고 주장했어. 불이 모든 것을 태우는 과정에서 여러 가지 물질을 만들어 낸다고 믿었던 거야. 그렇다고 실험을 했다든가 확실한 증거가 있었던 건 아니야. 그냥 자기가 보고 느끼고 생각한 것을 나름의 논리에 맞추어 그럴듯하게 설명한 것뿐이지.

하지만 그때는 모든 것을 신의 뜻으로 받아들이던 때였기 때문에 이 세상을 이루고 있는 물질이 무엇인가에 대해 이야기하고 관심을 기울인 것 자체가 놀라운 일이었어.

여러 그리스 철학자들의 생각은 모두 틀린 이야기이긴 하지만, 난 우리 불의 위대함을 알아본 헤라클레이토스의 생각이 제일 마음에

들어. 너무 속 보인다고? 하지만 단지 두려움의 대상이기만 했던 우리 불을 냉정하게 바라보고 물질의 근원이라는 의견을 내세우다니, 대견하지 뭐야. 훗!

그로부터 50년 정도 지난 기원전 450년쯤, 그리스의 철학자인 엠페도클레스는 물질이 물, 불, 흙, 공기 이렇게 네 가지 원소로 이루어졌다고 주장했어. 네 가지 원소가 사랑과 미움이라는 힘에 의해 서로 합치거나 나뉠 때 여러 가지 물질이 생겨난다고 생각했지.

그런데 엠페도클레스는 네 가지 원소 중에서도 특히 불의 매력에 흠뻑 빠져 있었어. 황홀하게 타오르는 불을 가만히 바라보며 신비로

운 느낌을 받곤 했대. 그러다 이탈리아 시칠리아 섬의 에트나 화산에서 불을 연구하던 중에 갑자기 분화구 속으로 뛰어들어 죽음을 맞았지. 엠페도클레스가 왜 분화구로 뛰어들었는지 정확히 알 수는 없지만, 사람들은 엠페도클레스가 너무나 불을 숭배해서 불을 통해 신으로 거듭나고 싶었던 거라고 생각했어. 어쨌거나 우리 불의 아름다움이 한 사람의 생명을 앗아 갔으니 안타까운 일이지.

엠페도클레스의 주장은 아리스토텔레스에 의해 발전되었어. 아리스토텔레스는 물, 불, 흙, 공기 이렇게 네 가지 원소가 어떻게 섞이느냐에 따라 서로 다른 물질이 만들어진다고 주장했어. 이것을 **4원소설**이라고 해. 4가지 물질이 기본 원소가 되고, 거기에 차갑고 뜨겁고 건조하고 습한 성질이 더해져서 세상의 물질들이 만들어진다고 본 거야. 예를 들어 '뜨거움'과 '건조함'이라는 두 성질을 갖추면 불이 생긴다는 거지.

아리스토텔레스의 4원소설은 주변에서 일어나는 여러 현상도 잘 설명해 주고, 너무나 그럴듯해 보였어. 당연히 사람들은 아리스토텔레스의 생각을 진리라고 믿었지. 그래서 2000년 동안이나 누구도 반대 의견을 내세우지 않았단다. 한 사람의 생각을 그렇게 오랫동안 믿

다니 정말 대단한 것 같아.

하지만 안타깝게도 아리스토텔레스의 생각도 틀렸단다. 특히 불과 물을 서로 반대라고 여긴 것은 잘못된 거야. 요즘도 불이 물과 반대 성질을 가진 물질이라고 생각하는 사람들이 많은데, 너도 혹시 그렇게 생각하고 있니?

물은 물질이지만, 불은 물질이 아니야.

불을 물질이라고 생각한 건 옛날 사람들이 했던 가장 큰 착각이었어. 고대 그리스부터 중세를 지나는 긴 시간 동안 사람들은 모두 불이 물질의 한 종류라고 생각했지. 불이 물질이 아니면 뭐냐고? 우리 불의 정체가 궁금하면 내 이야기에 계속 귀 기울여 봐.

불은 물질이 아니라 현상

불이 물질이라면 뭔가 실체가 있어야 하겠지? 하지만 불은 정해진 모양도, 무게도 없어. 물론 손으로 쥐거나 그릇에 담을 수도 없지. 어느 순간 네 앞에 나타났다가 갑자기 사라지는 게 우리 불이야. 그럼 불이 타오른다는 건 대체 무엇일까?

불이 물질이라고 믿던 사람들이 아리스토텔레스의 생각에 반대하는 의견을 내기 시작한 건 불을 자유자재로 다룰 수 있게 된 뒤부터야. 이렇게 시간이 흘러 산업 혁명이 시작되는 1600년대 말쯤 되자 사람들은 불을 이용한 증기 기관을 만들어 냈지.

증기 기관이란 석탄을 때서 생기는 열로 물을 끓여 수증기를 만들고, 수증기의 힘으로 기계를 움직이게 하는 장치야. 증기 기관은 칙

칙폭폭 소리를 내며 수증기를 뿜어 거대한 기계를 돌리고 기차를 움직이게 했어. 우리는 증기 기관 안에서 신 나게 타오르면서 열을 내고 뿌연 수증기를 마음껏 뿜어냈지.

사람들은 불을 이용해 철을 녹여 증기 기관을 만들고, 다시 불을 이용해 그 증기 기관을 움직이는 모습을 보면서 우리 불에 대한 관심을 점점 더 키워 갔지. 이제 우리 불은 일상생활뿐 아니라 산업에서도 아주 중요한 기술로 쓰이게 됐으니까. 그래서 그때의 과학자들에게는 불이 무엇인지 설명하는 게 큰 관심거리였지.

그러다 1700년쯤, 독일의 화학자 슈탈이 처음으로 우리 불이 물질이 아니라는 생각을 하게 되었어. 아리스토텔레스의 4원소설 가운

데 물, 흙, 공기는 물질을 이루는 근본 원소가 맞지만 불은 실체가 없는 현상이라고 주장한 거야. 우리 불이 사람들 곁에 머무른 지 100만 년이 지나서야 비로소 우리가 물질이 아니라는 것을 알아주는 사람을 만났으니 얼마나 반가웠는지 몰라.

하지만 역시 우리에 대해 한 번에 알아내는 것은 어려운 일이었나 봐. 슈탈이 또 엉뚱한 이론을 내놓았지 뭐야. 불이 타오르려면 물질 속에 **플로지스톤**이라는 게 있어야 한다고 했어.

슈탈은 불에 탈 수 있는 물질은 모두 플로지스톤을 가지고 있고, 탄다는 건 그 물질이 플로지스톤을 잃고 더욱 간단한 형태로 변하는 현상이라고 했어. 그러니까 물질 속에 있는 플로지스톤이 바로 나,

불이 되어 빠져나온다는 거였지. 이걸 **플로지스톤설**이라고 해. 너무 엉터리 같은 주장이지만, 슈탈이 그런 주장을 펼친 것도 나름 일리는 있었어.

예를 들어, 나무가 불에 타면 재만 남는데, 재는 원래의 나무보다는 무척 가벼워지잖니? 그게 바로 나무에 들어 있던 플로지스톤이 불꽃과 연기가 되어 날아갔기 때문이라는 거야.

플로지스톤으로는 대부분의 물질이 타는 현상은 잘 설명할 수 있었어. 하지만 금속이 타는 건 설명할 수 없었지. 실험을 해 보니 금속은 타고 나면 오히려 무게가 늘어났거든.

슈탈의 생각도 잘못된 것이었지만 100년 동안이나 여러 가지 과학적 현상을 설명하는 데 쓰였어. 왜냐고? 물질이 타는 현상을 달리 설명할 방법이 없었거든.

붉은 빛과 열

슈탈의 플로지스톤설은 18세기가 끝날 무렵까지 대단한 인기를 누렸어. 대부분의 과학자들이 슈탈의 생각을 더욱 세밀하고 정교하게 발전시키는 데 힘을 쏟았지. 산소를 발견한 영국의 과학자 프리스틀리도 그런 과학자 가운데 한 명이었어.

프리스틀리는 목사이면서 열성적인 과학자였어. 어찌나 열심이었는지 다른 사람은 신경도 안 쓰고 밤늦은 시각까지 실험을 해서 이웃들이 정신이 이상한 목사라고 소문을 낼 정도였으니까.

1774년 8월 1일, 프리스틀리는 커다란 볼록 렌즈로 햇빛을 모으는 실험을 하고 있었어. 실험실에 있던 온갖 물질에 햇빛을 쬐어 본 거야. 그러다 산화수은이라는 물질에서 부글부글 기체가 나오는 걸 발견했어. 안 그래도 신 나게 이것저것 실험을 하던 차에 마침 잘되었지 뭐야. 프리스틀리는 잔뜩 흥분해서 그 기체를 모아 어떤 성질을 가졌는지 알아보는 실험을 했어.

그런데 실험을 하던 프리스틀리는 깜짝 놀랐어. 기체를 모은 병 속에서 양초를 태우자, 불꽃이 말로 표현할 수 없을 만큼 아주 힘차게 타올랐거든. 프리스틀리의 상상을 뛰어넘을 정도로 아주 강렬한 불꽃을 보게 된 거야. 왜 그런지는 알 수 없었지만 말이야. 어쨌든 그

기체를 담아 이런저런 실험을 한 끝에 동물과 식물이 숨을 쉴 때도 이 기체가 필요하다는 사실을 알아냈지.

맞아, 프리스틀리가 발견한 기체는 바로 산소였어. 나 같은 작은 불꽃도 산소를 보면 너무너무 기뻐서 평소보다 훨씬 밝은 빛을 내며 열을 한껏 내뿜는데, 촛불을 넣었으니 당연한 결과 아니겠어? 프리스틀리가 실험을 통해 산소를 발견한 건 아주 중요한 일이었어. 산소는 우리가 마음껏 타오르기 위해 꼭 필요한 기체거든. 그래서 우리에 대해 설명하려면 반드시 산소에 대해 알아야 해. 하지만 프리스틀리는 슈탈의 플로지스톤설에 얽매여서, 정작 불이 타오르는 원리는 제대로 설명하지 못했어. 프리스틀리는 슈탈의 열렬한 팬이었거든.

탄다는 것이 무엇인지를 밝혀낸 사람은 바로 프랑스의 과학자 라부아지에야. 라부아지에는 어떤 것에 의심이 생기면 답을 알아낼 때까지 실험을 해서 결국에는 의문점을 해결하고야 마는 사람이었단다. 그야말로 과학자 중에 과학자였지.

한번은 아리스토텔레스의 4원소설 내용 중에 물을 계속 끓이면 물의 성질이 바뀌어 흙이 된다는 것에 대해 의심을 하기 시작했지. 그래서 정말 물이 흙으로 바뀌는지 알아보려고 실험을 했는데, 1768년 10월 24일부터 1769년 2월 1일까지 장장 101일간이나 똑같은 실험을 계속했단다. 물론 실험의 결론은, 물은 흙으로 변할 수 없다는 거였어.

물이 흙으로 변한다는 말도 안 되는 소리를 믿었느냐고? 너는 과학이 발달한 시대에 살고 있지만, 옛날에는 과학이 발달하지 않았기 때문에 그런 말을 믿는 사람이 많았어. 실제로 그릇에 물을 담아 아주 오랫동안 가열하면 그릇의 일부가 떨어져 나오면서 가루나 찌꺼기 같은 것이 가라앉기도 했어. 그걸 보고 흙이 생긴다고 믿었던 거야. 심지어 라부아지에도 처음에는 그 말을 믿었어. 실험으로 확인하기 전까지는 말이야.

라부아지에는 산소를 발견한 프리스틀리의 실험에도 의문을 품었어. 플로지스톤설에 따르면 산화수은을 가열해서 태우면 산화수은 속에 들어 있던 플로지스톤이 빠져나갈 거 아니겠어? 그런데 플로지스톤이 사라지고 남은 기체가 그렇게도 세차게 불에 타다니 이상하다고 생각한 거야. 라부아지에는 또다시 실험에 빠져들었어. 그리고 수많은 실험 끝에 플로지스톤설이 잘못되었음을 밝혀냈지.

　불에 탄다는 것은 물질이 공기 중에 있던 산소와 결합하는 현상임을 알아낸 거야. 이처럼 애쓴 라부아지에 덕분에 1783년이 되어서야 우리의 정체가 온 세상에 알려진 거란다.

　이렇게 어떤 물질이 산소와 결합하면서 빛과 열을 내는 현상을 **연소**라고 해. 물질이 산소와 결합해야 연소가 일어나고, 연소가 일어나야 빛과 열, 즉 불이 생기지.

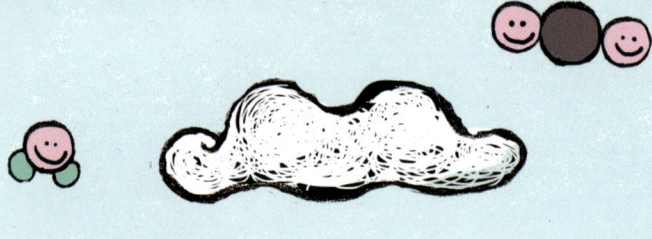

불은 연소가 일어나는 동안 생기는 빛과 열이야.

물질을 충분히 높은 온도로 가열하다 보면, 어느 순간 그 물질은 산소와 결합하면서 빛과 열을 내기 시작해. 그때가 바로 우리의 모습이 나타나는 순간인 거야.

그런데 뭔가 이상하지 않니? 나무가 불에 타면 산소와 결합했으니 더 무거워져야 하는데 왜 가벼워질까? 그건 나무처럼 불에 잘 타는 물질은 산소와 결합하면 눈에 보이지 않는 기체로 변해서 날아가 버리기 때문이야. 그래서 기체로 변해 날아가 버린 양만큼 가벼워진 재가 남는 거지.

　반대로 금속처럼 잘 타지 않는 물질은 산소와 결합하면 기체로 변해 날아가기보다는 오히려 산소를 붙잡고 있어. 결국 금속과 결합한 채 남아 있는 산소의 양만큼 무거워지지. 금속이 불에 타면 표면에 녹이 생기는데, 그 녹이 바로 산소와 결합했다는 증거란다.

　불꽃을 강력하게 만들고, 생명체가 숨 쉬는 데 필요한 기체, 바로 산소와 결합해야만 물질이 타오를 수 있어. 우리는 물질과 산소가 결합할 준비가 되면 얼른 달려가서 빛과 열을 내지.
　물질을 먹이 삼아, 산소로 숨을 쉬면서 짧은 시간이나마 몸집을 키워서 세상을 밝히고 열기를 뿜어내는 거야.

불을 만드는 세 친구

불은 불꽃이 없는 곳에서도 피어나.
불에게 필요한 환경만 갖추어진다면 말이지.
불에게 필요한 세 가지를 알면
꺼져 가는 불을 살릴 수도 있고,
사납게 타오르던 불을 끌 수도 있어.
불이 타오르려면 어떤 것이 필요할까?

숨 쉬게 하는 산소

우리 불은 사람들에게 엄청난 영향을 미치며 100만 년의 세월을 함께 해 왔지만, 사람들은 때때로 우리를 보잘것없는 존재로 여기기도 해. 나처럼 작은 불꽃은 제대로 타 보지도 못한 채 스르륵 흔적 없이 사라지는 경우가 아주 많거든. 주위에서 도와주지 않으면 어쩔 수 없는 일이지만 그럴 때면 화르륵이라는 내 이름이 좀 부끄럽더라.

내가 계속해서 네 옆에 남아 있길 바란다면 나에게 필요한 세 친구를 기억해 주면 좋겠어. 불은 아무것도 없는 곳에서 생겨나는 것 같지만, 사실은 다 조건이 맞아야 나타나는 거야.

내가 살아가려면 무엇이 필요할까? 이제까지 내 이야기를 잘 들었다면 너도 금방 알아챌 수 있을 거야. 맞아, 가장 먼저 내가 숨 쉴 공기가 필요해.

탄다는 건 물질이 공기 중의 산소와 결합할 때 일어나는 현상이야. 그러니까 타기 위해서는 산소가 꼭 필요해.

다시 말해 내가 살아가려면 공기 중에서도 산소라는 기체가 필요해. 프리스틀리의 실험실에서 그랬던 것처럼 내가 환한 빛과 열로 나타나려면 꼭 산소가 있어야 하지. 그래서 불의 정체를 밝히는 과정

중에 산소의 발견이 가장 중요했던 거야.

불에 부채질을 해 주면 불꽃이 더 잘 일어나는 거 알고 있지? 그것도 다 불에 산소를 불어 넣어 주었기 때문이야. 부채질을 하면 물질이 더 많은 산소와 만나게 되어 연소가 활발해지거든. 연소가 활발해지면 빛과 열이 많이 생기게 돼. 다시 말해 우리 몸이 커지는 거지. 산소는 힘없이 죽어 가던 불까지 쌩쌩하게 만들어 준다니까!

옛날 사람들은 경험을 통해서 이런 사실을 알고 있었어. 옛날에는 대장간에서 철을 달구거나 쇳물을 만들기 위해 '풀무'라는 도구를 사용했어. 불을 피워 놓은 화덕에 풀무로 바람을 일으키면 숨 쉴 공기를 만난 불은 더욱 기세등등하게 타오르곤 했지.

그뿐만이 아니야. 숨 쉴 산소만 충분하다면 우린 단단한 금속도 태울 수 있어. 혹시 금속은 절대 불에 타지 않는다고 생각하니? 천만에, 금속도 산소와 만나는 면적을 넓혀 주면 탈 수 있단다. 철을 실처럼 뽑아 강철 솜을 만들거나 알루미늄 포일을 가늘게 찢어 불을 붙이면 환하게 타오르는 걸 볼 수 있을 거야.

금속이 불에 잘 타지 않는 이유는 금속을 이루는 작은 알갱이들이 서로 단단히 뭉쳐 있어서 공기가 들어갈 틈새가 없기 때문이거든. 실처럼 가는 강철 솜이나 알루미늄 포일 조각이라면, 사이사이의 빈 공간마다 공기가 가득 채워져 있으니 태우지 못할 이유가 없지!

물론 산소는 많을수록 더 좋아. 공기에는 여러 종류의 기체가 섞여 있는데, 그중에 5분의 1 정도만 산소야. 따라서 산소를 따로 모아

주면, 힘없이 죽어 가던 불꽃도 커다랗고 멋지게 타오를 수 있어. 프리스틀리가 깜짝 놀랐던 만큼 힘차게 말이야.

뭐? 산소만으로 나를 크게 키울 수 있다는 게 믿기지 않는다고? 그럼 산소를 모아서 직접 확인해 보자고.

 ### 산소를 만들자

준비할 것이야.

산소계 표백제(옥시라고 쓰여 있는 가루로 된 제품), 신선한 감자 2~3개, 비닐봉지, 고무줄, 유리병, 유리판, 향, 성냥, 강판

이렇게 해 봐.

1. 감자를 강판에 갈아서 비닐봉지에 담아.
2. 비닐봉지 안에 감자와 같은 양의 표백제를 넣어.
3. 비닐봉지 안의 공기를 최대한 뺀 뒤 입구를 고무줄로 묶어.
4. 비닐봉지를 흔들어서 감자와 표백제를 고르게 섞어.

5. 비닐봉지가 부풀 때까지 2~3시간 정도 그대로 놓아둬.
비닐봉지를 따뜻한 곳에 놓아두면 좀 더 빨리 부풀 거야.
6. 비닐봉지가 많이 부풀어 오르면 비닐봉지 안의 기체를 유리병에 옮겨 담아.

주의! 산소는 눈에 보이지 않으니까 병 안으로 밀어 넣듯 옮겨야 해.

7. 유리병 안에 옮겨 담은 기체가 빠져나가지 못하도록 유리병 입구를 유리판으로 잘 막아.
8. 부모님께 향에 불을 붙였다가 꺼 달라고 해.
9. 향불이 완전히 꺼지지 않게 조심조심 유리병 안에 넣으면서 어떤 일이 생기는지 관찰해 봐.

이렇게 될 거야.

희미하게 꺼져 가던 향불이 밝은 빛을 내며 활활 타오를 거야.

왜 이런 일이 일어날까?

비닐봉지 안에 들어 있는 감자와 표백제가 만나면 산소가 만들어져. 이 산소를 유리병에 옮겨 담으면 유리병 안에는 보통 공기보  다 약 5배 정도 많은 산소가 들어 있게 되지. 불이 타려면 산소가 필요한데, 공기 중보다 무려 5배나 많은 산소가 있다면 불이 얼마나 잘 탈지 말할 필요도 없겠지? 그래서 작고 약한 향불이 산소와 만나서 크고 멋지게 자라날 수 있는 힘을 얻게 된 거야.

이제 산소가 있으면 우리 불의 힘이 세진다는 말을 믿겠니? 꺼져 가는 불에 산소를 듬뿍 제공하는 건, 생명이 위태로운 사람에게 산소 호흡기를 연결해 주는 것과 같아. 내가 잘 타오르게 하려면 산소를 풍부하게 공급해 주면 된다는 걸 꼭 기억해 둬!

불에 타는 물질

산소는 우리에게 아주 중요해. 하지만 산소가 있다고 해서 바로 불이 타오르는 건 아니야. 유리병에 아무리 많은 산소를 모아 놓아도 병 안에 아무것도 넣지 않으면 불이 생겨나지 않잖아?

불이 타오르려면 불에 잘 타는 물질이 필요해.

나뭇조각이나 종이에 불을 붙이면 불꽃을 만들며 활활 타오르지? 네가 음식에서 에너지를 얻고 힘을 내어 살아가는 것처럼, 우리도 잘 타는 물질을 먹이 삼아 힘을 내어 타오르는 거야. 먹을 게 없으면 아무리 대단한 힘을 가진 불이라도 금세 사그라지고 만단다.

물질 중에는 특히 우리가 먹기 쉬운 물질이 있어. 대표적인 것이 불을 피울 때 많이 사용하던 부싯깃이야. **부싯깃**은 아주 쉽게 불에 타오르는 물질로, 나보다 더 작은 불꽃도 쉽게 옮겨붙을 수 있어.

너희 조상들이 부싯깃으로 주로 사용했던 물질은 잘 마른 풀잎 뭉

치였어. 잘 마른 풀잎은 우리의 먹이로 안성맞춤이거든. 아궁이에 불을 땔 때 나뭇가지에 바로 불을 붙이면 잘 타지 않거나 불이 붙는 데 시간이 오래 걸렸어. 그래서 우선 마른 풀잎이나 볏짚을 태워 불이 커지게 만든 다음, 그렇게 커진 불로 나뭇가지를 태웠지.

유럽에 있는 나라들은 부싯깃으로 말굽버섯이라는 버섯을 많이 썼어. 말굽버섯을 반으로 쪼개면 스펀지처럼 생긴 속살이 나와. 우리가 먹기에 아주 좋지. 그래서 말굽버섯의 속살에 불을 붙이면, 불꽃이 쉽게 옮겨붙어 금세 불길이 커져.

마른풀이나 버섯이 왜 먹기 쉽냐고? 그건 너무 단단하거나 빡빡하지 않고 사이사이에 공간이 많아서 공기를 담뿍 품고 있기 때문이야. 공기가 풍부해서 우리가 먹고 숨 쉬는 데 불편함이 없는 거지. 조그만 불꽃인 나 화르륵도 마음껏 공기를 마시며 맛있는 먹이를 먹다 보면 힘을 얻어 큰불로 커질 수 있어.

물질 사이사이의 공기가 왜 우리에게 필요한지는 알지? 공기 속에 들어 있는 산소가 있어야 우리가 살 수 있다고 했잖아. 불이란 결국 물질이 산소와 결합할 때 생기는 빛과 열이니까 말이야.

어떤 물질이 잘 타려면 그 물질이 산소와 만날 준비가 되어 있어야 해.

사람들은 우리가 좋아하는 먹을거리, 즉 불에 잘 타는 물질을 따로 모아 **연료**라고 부르기도 해. 석유나 석탄, 천연가스 등이 대표적인 연료야. 나무도 아주 오랫동안 사용되어 온 좋은 연료이지.

반대로 우리가 먹지 못하는 물질도 있어. 우리도 너희처럼 아무거나 먹지는 않아. 먹을 수 있는 것도 있고, 먹을 수 없는 것도 있다는 말이야. 세상의 모든 물질이 산소와 반응하는 건 아니거든.

돌멩이나 흙 같은 물질은 산소를 별로 좋아하지 않아. 돌멩이나 흙을 이루는 알갱이들은 저희들끼리 단단하게 뭉쳐 있기 때문에 산소가 끼어들 틈이 없어. 그래서 이런 물질을 먹으면 우리도 숨을 쉴

수 없기 때문에 살아남지 못해. 이런 물질들은 웬만큼 힘이 센 불이 아니고서는 꿈쩍도 안 하지. 네가 소화시킬 수 없는 건 안 먹는 것처럼, 우리도 이런 물질은 먹을 수 없어.

우리가 먹지 못하는 물질들, 즉 불에 잘 타지 않는 물질은 우리에게는 아무 쓸모가 없지만 사람들에게는 중요하게 쓰여. 사람들은 집을 지을 때 돌과 금속, 석면처럼 불에 잘 타지 않는 재료를 주로 사용해. 이런 재료들은 물질을 이루는 알갱이들이 서로 단단히 붙어 있어서 산소가 그 사이로 섞여 들어갈 수가 없거든.

석면은 불과 열을 막아 주는 특성 때문에 오랫동안 건물 벽의 재료로 쓰여 왔어. 소방관들이 입는 옷도 석면으로 만들어졌지. 하지만 석면에서 나오는 먼지가 사람 몸에 해롭다는 것이 밝혀지면서 요즘은 잘 사용하지 않아. 그 대신 세라믹 섬유나 유리 섬유 같은 물질을 개발해서 사용하고 있어. 이런 물질들은 섭씨 1700도 정도의 높은 온도에서도 불에 타지 않고 열을 막아 주거든.

발화점보다 높은 온도

물질이 타는 데 필요한 마지막 조건은 무엇일까? 산소와 탈 물질만 있다고 해서 저절로 불이 붙는 건 아니잖아? 뭐, 나 같은 불꽃이 있어야 할 것 같다고? 음, 그렇게 생각할 수도 있겠다. 내가 있으면 다른 물질로 불이 옮겨붙기 쉬우니까. 나 같은 불꽃이 있으면 어떤 물질이 타오를 만큼 온도를 높일 수 있거든. 내가 가진 열로 물질의 온도를 높이는 거지.

무슨 말이냐고? 나무나 종이처럼 잘 타는 물질이라 해도 스스로 타지는 않아. 산소가 충분하더라도 반드시 높은 온도가 필요하지. 물질을 가열하면 점점 온도가 높아지고, 특정한 온도가 되면 타기 시작해. 이렇게 물질이 타기 시작하는 것을 **발화**라고 하고, 발화가 시작되는 온도를 **발화점**이라고 해.

불이 시작되기 위해 꼭 필요한 마지막 조건은 바로 발화가 시작되는 높은 온도, 발화점이야.

그러니까 불이 시작되기 위해 꼭 나 같은 불꽃이 필요한 것은 아니라는 말씀! 불꽃의 흔적이 전혀 없는 곳에서도 불이 시작되는 경우가 많거든. 종이나 나무처럼 잘 타는 물질은 직접 불에 닿지 않더라도 뜨겁게 해 주면 저절로 타기 시작해. 불꽃이 있어야만 불이 붙는 게 아니라 온도가 중요하다는 거지.

　옛날 사람들이 불을 붙이던 방법을 생각해 봐. 처음부터 불꽃이 있었던 것 같아? 먼저 부싯돌로 불을 피우는 방법을 살펴보자고. 쇳조각을 부싯돌이라는 단단한 돌에 세게 부딪치면 마찰 때문에 순간적으로 많은 열이 생겨. 이 열 때문에 부싯돌에서 떨어져 나간 돌가루의 온도가 높아지고, 그때 내가 아주 짧은 순간 모습을 나타내지. 내가 사라지기 전에 내가 좋아하는 부싯깃 같은 먹을거리를 주면 나는 공기 속의 산소를 이용해서 커다란 불꽃으로 자라나게 돼.

　나뭇가지를 비벼서 불을 피우는 방법도 마찬가지야. 나뭇가지를 마찰할 때 생기는 열로 나뭇가지의 온도를 높여 불을 피운 거니까.

아직도 내 말을 못 믿겠다고? 좋아, 불꽃이 없어도 물질이 탈 수 있는지 실험으로 확인해 보자고!

 **불꽃 없이 물질을 태우자**

준비할 것이야.

돋보기, 신문지, 휴지, 나무젓가락, 성냥개비

이렇게 해 봐.

1. 햇빛이 쨍쨍한 날 밖으로 나가서 바닥이 모래로 된 곳을 찾아.

2. 모래 바닥 위에 신문지 한 장을 손바닥 정도 크기로 접어 놔.

3. 돋보기를 이리저리 기울여 신문지 위의 한곳에 햇빛이 모이게 해.

4. 계속해서 햇빛을 모아 비추면서 어떤 일이 일어나는지 관찰해.

5. 같은 방법으로 휴지, 나무젓가락, 성냥으로도 실험해 봐.

이렇게 될 거야.

햇빛을 모아 비추고 있으면 어느 순간 연기가 나면서 저절로 불이 붙을 거야. 그런데 불이 붙는 시간은 물질마다 다를 거야. 신문지나 휴지, 성냥은 비교적 빨리 불이 붙지만, 나무젓가락은 아주 오래 걸리거나 불이 잘 붙지 않을 수도 있어.

왜 이런 일이 일어날까?

햇빛을 모아 비추는 동안 태양열은 신문지의 온도를 높이기 시작해. 신문지로 열이 흡수되는 거야. 그러다 신문지의 온도가 발화점에 이르면 신문지는 산소와 만나 결합하면서 타기 시작해. 또한 신문지가 나무젓가락보다 빨리 타는 이유는 신문지의 발화점이 나무젓가락의 발화점보다 훨씬 낮기 때문이야.

어때, 불꽃이 없어도 불이 생겨나지? 이제 내 말을 믿겠니? 네가 방금 했던 실험은 실제로 옛날 사람들이 불을 피우던 방법 가운데 하나야. 부싯돌이나 나무 막대를 비비는 것, 렌즈나 거울로 햇빛을 모

으는 것은 모두 발화점까지 물질의 온도를 높여 주는 방법이야.

충분한 열, 그러니까 물질의 온도가 높아지면 나 화르륵이 나타나 커다란 불꽃으로 자란다는 걸 알아내다니, 사람들은 정말 대단하다니까.

하지만 이런 방법으로 불을 피우는 것은 아주 번거로운 일이야. 부싯돌과 부싯깃을 들고 다녀야 하고 불이 붙는 데도 시간이 많이 걸리지. 그래서 사람들은 좀 더 쉽게 우리를 불러낼 수는 없을까 고민한 끝에 마찰열만으로도 쉽게 불이 붙는 성냥을 발명했단다. 성냥은 물질마다 발화점이 다른 것을 이용한 대단한 발명품이라 할 수 있어.

발화점이 낮은 물질은 불에 잘 타지만, 발화점이 높은 물질은 쉽게 타지 않아.

성냥의 재료인 붉은 인이나 종이, 나무 등은 발화점이 섭씨 수백 도 정도로 다른 물질에 비해 발화점이 낮은 편이야. 그래서 쉽게 불이 붙는 데 비해 섭씨 1000도가 넘는 높은 온도에서도 전혀 불이 붙지 않는 물질도 있어. 몇백 도나 되는 온도가 낮은 거냐고? 하하, 우리 불이 나타나려면 적어도 그 정도 온도는 되어야지!

너도 눈치챘겠지만 네가 생활 속에서 불을 피우는 데 쓰는 대부분의 물질은 발화점이 낮은 물질들이야. 약간의 마찰이나 작은 불꽃으로도 쉽게 불을 키울 수 있지.

이렇게 산소와 불에 타는 물질, 발화점이라는 세 요소가 갖추어지면 우리는 마음껏 활활 타오를 수 있어. 그래서 이 세 가지를 **연소의 3요소**라고 해. 우리에게 반드시 필요한 조건이지!

세상은 공기로 가득 차 있으니 산소를 얼마든지 구할 수 있고, 먹을거리인 연료도 비교적 쉽게 찾을 수 있어. 하지만 우리가 세상에 모습을 나타내려면 발화점보다 높은 온도가 있어야 하니, 우리도 살아가기 쉬운 건 아니야. 이 세 가지 중에 단 한 가지만 없어도 우리 불은 조용히 모습을 감추고 말거든.

연소와 호흡의 닮은 점

사람의 호흡, 다시 말해 숨을 쉬는 것은 불이 타는 것과 비슷해. 네가 먹은 음식을 통해 얻은 영양분이 산소와 결합하면서 에너지를 내기 때문이지. 다만 사람의 몸속에서 일어나는 호흡은 촛불이 탈 때와는 달리 불꽃이 생기지 않아. 눈에 보일 만큼 높은 열이 발생하지 않으니까. 하지만 과학자들은 넓은 의미에서 호흡도 연소 반응의 하나로 보고 있어.

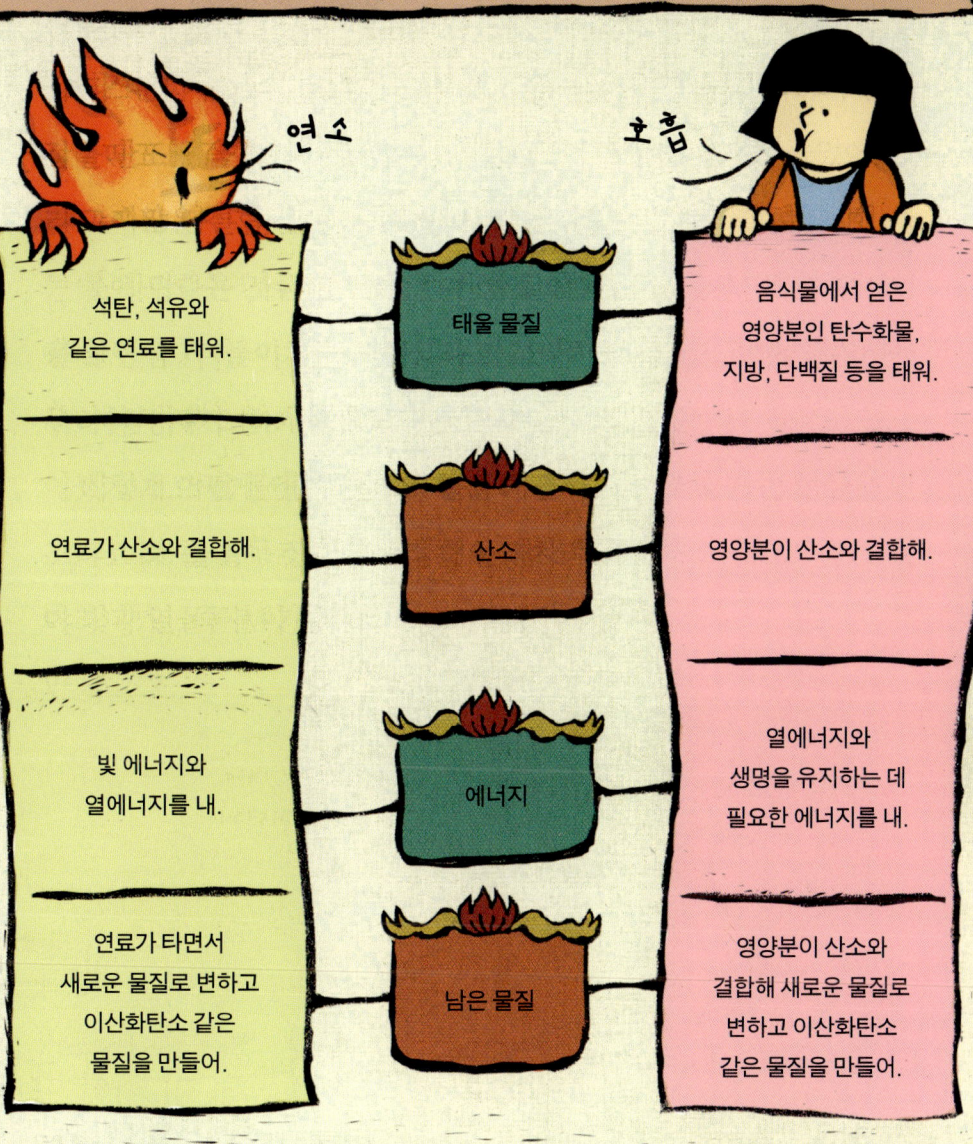

연소		호흡
석탄, 석유와 같은 연료를 태워.	태울 물질	음식물에서 얻은 영양분인 탄수화물, 지방, 단백질 등을 태워.
연료가 산소와 결합해.	산소	영양분이 산소와 결합해.
빛 에너지와 열에너지를 내.	에너지	열에너지와 생명을 유지하는 데 필요한 에너지를 내.
연료가 타면서 새로운 물질로 변하고 이산화탄소 같은 물질을 만들어.	남은 물질	영양분이 산소와 결합해 새로운 물질로 변하고 이산화탄소 같은 물질을 만들어.

불을 다루는 법

　산소와 탈 물질, 발화점의 3요소가 꼭 있어야 불이 살아남을 수 있는 것처럼, 이 세 가지만 기억하면 사람들이 원하지 않는 불을 사라지게 할 수도 있어.

　실제로 불이 난 현장에서도 이 세 가지 요소를 없애는 방법으로 불을 끄곤 해. 자, 그럼 엄청난 화재가 발생했던 과거로 돌아가서 사람들이 어떻게 불을 껐는지 함께 살펴볼까?

　지난 2009년 8월 26일, 미국 로스앤젤레스에서 엄청난 산불이 났어. 화재 소식을 들은 소방관들은 소방차를 타고 불이 난 현장에 빠르게 모여들었어. 그리고 물을 뿌려 대기 시작했지.

　사람들이 불을 끌 때 가장 쉽게 사용하는 방법이 물을 뿌리는 거잖아. 우리가 탈 수 없도록 온도를 낮추는 거지. 불이 계속해서 타기

위해서는 섭씨 수백 도 이상의 높은 온도가 유지되어야 하는데, 물을 뿌리면 온도가 낮아질 수밖에 없으니까. 게다가 물이 수증기로 변하면서 열을 빼앗아 가기도 해. 그래서 물을 뿌리면 온도가 발화점 아래로 크게 낮아진단다. 발화점보다 낮은 온도에서는 우리가 맥을 잃고 말아. 힘을 잃어 다른 물질을 태울 수 없게 되는 셈이지. 추위에 움츠러드는 사람과 다를 것이 없다니까.

여기서 잠깐! 불이 났다고 해서 언제나 물을 뿌리는 건 아니야. 기름에 불이 붙었을 때는 물을 뿌려도 소용없어. 기름은 물에 섞이지 않은 채 물 위에 떠서 계속 타오를 수 있거든. 그럼 어떻게 하느냐고? 내 이야기를 잘 들어 봐.

　수많은 소방관이 물을 뿌려 대며 노력했지만 우리는 이미 너무나 넓게 퍼져 있었어. 그나마 집중적으로 물을 맞은 쪽은 온도가 낮아져 불길이 사그라졌지만, 다른 쪽에 있던 불길은 소방관들의 눈을 피해 슬금슬금 먹을거리를 찾아 나선 지 오래였으니까.

　하지만 소방관들은 금세 더 강력한 방법을 사용했어. 소화기와 소방 헬기를 동원한 거야. 소화기는 땅에서, 소방 헬기는 하늘에서 엄청난 양의 가루 물질과 가스를 정신없이 쏟아 냈지. 우리는 점점 숨이 막혔어. 소화기나 소방 헬기가 뿌리는 가루 물질과 가스는 우리 주위를 덮으면서 산소가 들어올 길을 막았어. 연소의 3요소 중 하나인 산소를 차단하는 방법으로 우리를 질식시켜 사라지게 만든 거야.

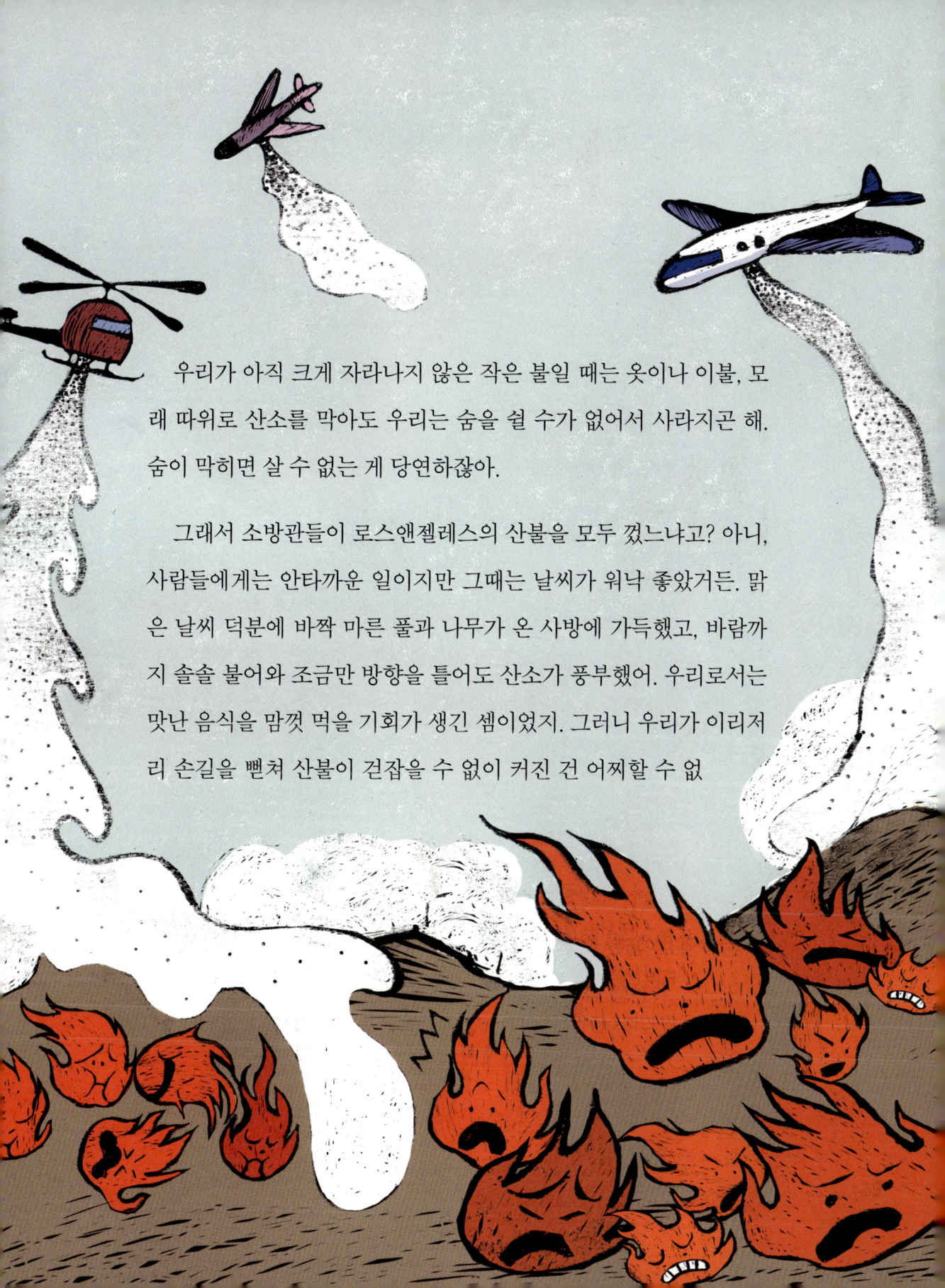

우리가 아직 크게 자라나지 않은 작은 불일 때는 옷이나 이불, 모래 따위로 산소를 막아도 우리는 숨을 쉴 수가 없어서 사라지곤 해. 숨이 막히면 살 수 없는 게 당연하잖아.

그래서 소방관들이 로스앤젤레스의 산불을 모두 껐느냐고? 아니, 사람들에게는 안타까운 일이지만 그때는 날씨가 워낙 좋았거든. 맑은 날씨 덕분에 바짝 마른 풀과 나무가 온 사방에 가득했고, 바람까지 솔솔 불어와 조금만 방향을 틀어도 산소가 풍부했어. 우리로서는 맛난 음식을 맘껏 먹을 기회가 생긴 셈이었지. 그러니 우리가 이리저리 손길을 뻗쳐 산불이 걷잡을 수 없이 커진 건 어찌할 수 없는 일이었어.

　산불은 일주일이 넘게 계속되었어. 우리는 서울 면적만큼이나 넓은 땅을 먹어 치웠고, 결국 숲과 마을이 사라졌지. 우리가 계속해서 먹이를 찾아 점점 넓게 번지니까 최후의 방법이 동원되었어. 연소의 3요소 중 마지막 남은 한 가지가 무엇인지 알아? 맞아, 탈 물질! 바로 연료를 없앤 거야.

　소방관들은 결국 반대쪽에서 직접 맞불을 놓았어. 우리가 번져 나가는 쪽과 반대 방향에서 마주 보고 불을 붙인 거야. 두 불이 서로 먹이를 맘껏 먹으며 움직이다가 만나면, 양쪽 모두 더 이상 태울 물질이 없게 될 것 아니겠어? 먹을 것이 없어지면 우리는 더 이상 번져 나갈 힘을 잃게 돼. 그렇게 2009년을 화려하게 장식했던 로스앤젤레스의 산불 사건은 막을 내렸어.

　네가 불이 타오르는 장면을 본다면, 그건 발화점 이상의 온도에서 연료와 산소가 격렬한 반응을 하고 있다는 증거야. 우리 불은 그 세 가지 요소가 갖춰졌을 때, 생기는 열과 빛 에너지이니까 말이야.

불은 잘 사용하면 사람들에게 아주 유용하지만 때로는 굉장히 사납게 사람들을 위협해. 물질이 불에 타는 건, 다시 말해 우리가 물질을 먹어 치우는 건 순식간에 벌어지는 일이라서 불이 나고 1분이 지나면 불을 끄기 위해 물 한 컵이 필요하고, 2분이 지나면 물 한 양동이가 필요하고, 3분이 지나면 물 1톤이 필요하다는 말도 있어. 불을 잘 사용하는 것도 중요하지만 불을 잘 끄는 것은 더 중요한 일이라는 뜻이지. 그러니까 연소의 3요소를 잘 기억해 둘 것! 우리가 탈 수 있는 조건을 하나하나 없애 버리면 아무리 큰불이라도 결국은 사라진다는 거, 알고 있지?

불이 타는 모습

타오르는 불을 보면 아름다운 꽃봉오리 같아.
자세히 살펴보면 똑같은 불이라도
노랗고 빨갛고 파란, 제각각의 색깔을 드러내지.
왜 이런 모양과 색깔이 생기는 것일까?
불이 타는 동안 어떤 일이 벌어지는 걸까?

불꽃이 생기는 과정

저기 아름답게 타오르는 촛불 보이니? 난 저렇게 곱고 예쁘게 어둠을 밝히는 불이 좋더라. 꽃처럼 아름답다는 뜻의 불꽃이란 이름이 잘 어울리는 불이잖아. 조용히 타오르는 모습이 신비롭기도 하고……. 나도 저 촛불처럼 오래도록 빛나며 세상을 밝히고 싶어. 그런데 웬 촛불 타령이냐고?

지금까지 우리의 정체가 무엇인지, 우리에게 필요한 조건은 무엇인지 이야기했으니 이번에는 촛불을 통해 우리의 모습을 자세히 알려 줄까 해.

넌 탄다고 하면 무엇이 떠오르니? 아마 나처럼 아주 작은 불꽃부터 촛불, 모닥불, 커다란 불길까지 아주 다양한 불이 생각날 거야.

그런데 양초는 왜 꼭 심지에 불을 붙여야 할까? 심지에 불을 붙이면 불꽃이 만들어지며 타오르는데, 양초 덩어리에 불을 붙이면 그냥 녹기만 하잖아.

그건 양초가 기체 상태로 변해야만 탈 수 있기 때문이야. 대부분의 물질은 고체, 액체, 기체 세 가지 상태로 존재하고, 온도에 따라 상태가 변해. 그런데 같은 물질이라도 고체나 액체 상태일 때는 물질을 이루는 알갱이들이 서로 가까이 뭉쳐 있고, 기체 상태일 때는 알갱이들이 서로 멀리 떨어져 있어.

그러니 물질이 고체나 액체 상태일 때는 물질을 이루는 알갱이들이 공기 중의 산소와 직접 만나거나 결합하기 힘들 수밖에 없어. 기체 상태가 되어 물질을 이루는 알갱이들이 따로 떨어져 있다 보면 산소가 쉽게 섞여 들어갈 테고, 서로 결합하기도 쉬워지는 거야. 너희도 알다시피, 어떤 물질이 불에 탄다는 건 그 물질이 산소와 결합하면서 빛과 열을 낸다는 뜻이잖아. 그래서 물질이 고체나 액체 상태일 때보다는 기체 상태일 때 연소가 훨씬 잘 일어나지. 즉 물질은 기체 상태일 때 불에 잘 타.

마찬가지로 양초도 고체 상태에서는 불을 붙여도 타지 않아. 불꽃의 열로 고체인 양초가 녹아서 액체인 촛농이 되고, 촛농이 기체 상태로 변해야 비로소 공기 중의 산소와 결합하게 돼.

그런데 양초가 기체 상태에서 타는 것과 심지에 불을 붙이는 건 무슨 관계가 있을까? 양초의 심지는 액체인 촛농이 기체로 변하는 걸 도와줘. 심지는 여러 가닥의 실을 꼬아서 만든 것이라 틈새가 많아. 이 틈새 덕분에 촛농은 불꽃이 있는 심지 끝까지 쉽게 이동할 수 있고, 불꽃 가까이로 간 촛농은 불꽃의 열 때문에 기체로 변하게 되지. 이 기체 양초가 타오르면서 불꽃이 생겨나는 거야.

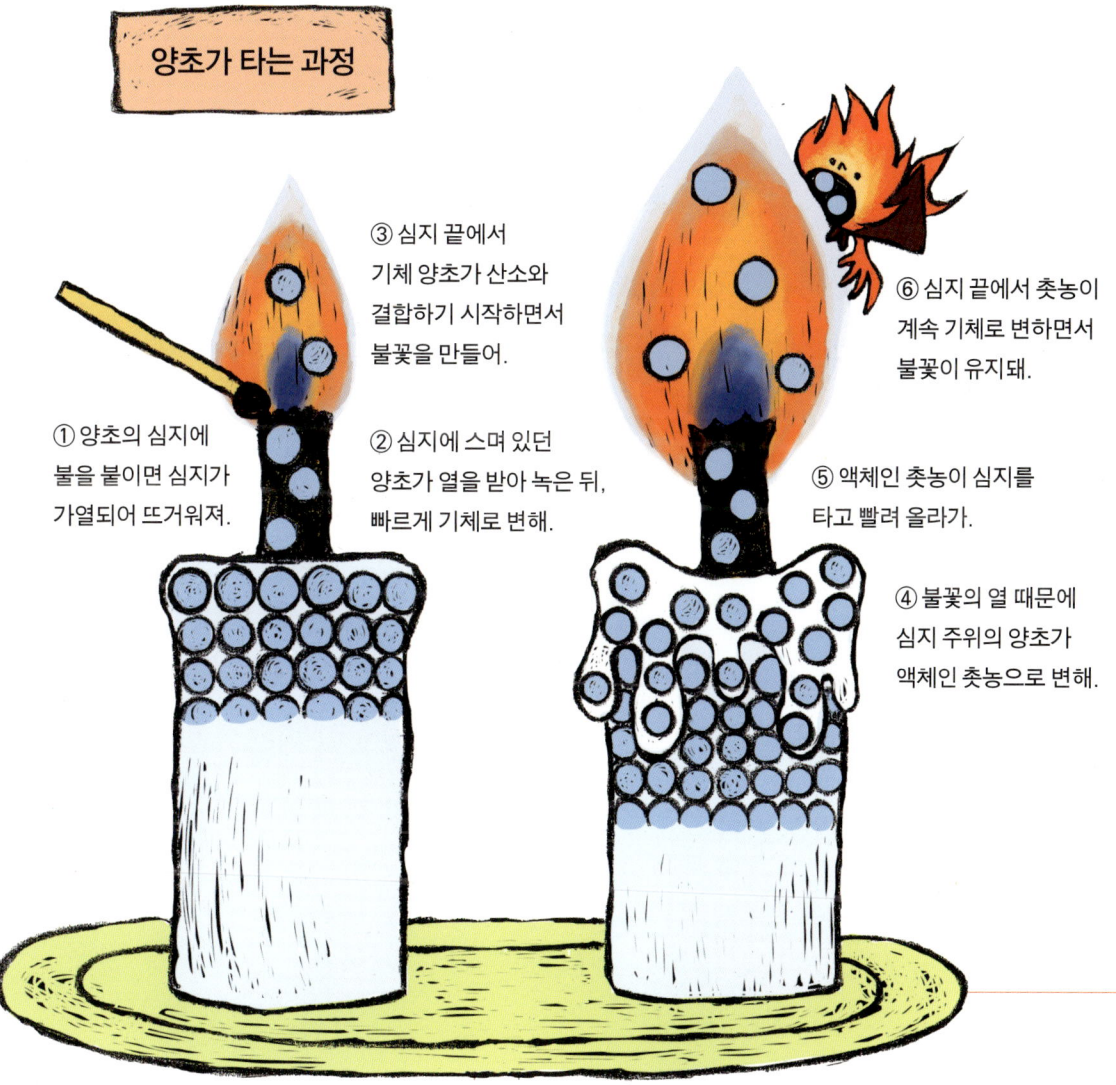

양초가 타는 과정

① 양초의 심지에 불을 붙이면 심지가 가열되어 뜨거워져.

② 심지에 스며 있던 양초가 열을 받아 녹은 뒤, 빠르게 기체로 변해.

③ 심지 끝에서 기체 양초가 산소와 결합하기 시작하면서 불꽃을 만들어.

④ 불꽃의 열 때문에 심지 주위의 양초가 액체인 촛농으로 변해.

⑤ 액체인 촛농이 심지를 타고 빨려 올라가.

⑥ 심지 끝에서 촛농이 계속 기체로 변하면서 불꽃이 유지돼.

모든 물질은 기체로 변해야만 불꽃을 내며 탈 수 있어.

쉽게 불이 붙는 알코올이나 기름도 액체 상태에서는 타지 않아. 양초처럼 기체 상태로 변한 다음에 불꽃을 내며 타지.

알코올은 마치 액체 상태에서 불이 붙는 것처럼 보이지만 그건 알코올이 아주 쉽게 기체로 증발하기 때문이야. 액체 알코올 위에는 기체로 변한 알코올이 떠 있기 때문에 네가 불을 붙이면 위에 떠 있던 기체 알코올이 불꽃을 내면서 타는 거야.

알코올뿐만 아니라 심지어 나무나 종이 같은 물질조차도 기체로 변한 후에야 산소와 결합할 수 있어. 나무에 불을 붙이면 나무가 뜨거워지면서 나무의 성분이 변하고, 나무를 이루고 있던 성분이 기체로 빠져나와. 그리고 그 기체가 산소와 결합해서 불꽃을 만드는 거야. 이 과정은 아주 빠르게 일어나기 때문에 네가 알아채지 못했던 거지.

나무에서 기체가 나오는 게 믿어지지 않는다고? 그럼 이렇게 해 봐. 나무젓가락을 알루미늄 포일로 감싼 뒤 촛불로 가열하는 거야. 이때 기체가 빠져나올 수 있도록 포일을 너무 꽉 감싸지는 마. 나무젓가락을 감싼 포일을 가열하다 보면 포일 끝 부분이나 틈에서 흰 연

기가 나올 거야. 이 흰 연기에 조심스럽게 불을 붙여 보면 양초처럼 불꽃을 내며 타는 걸 볼 수 있어. 단, 우리는 언제든 위험해질 수 있으니 꼭 어른과 함께 실험해야 해!

그런데 물질이 탈 때 늘 불꽃을 만들어 내는 것은 아니야. 계속해서 타고 있는데도 불꽃을 내지 않는 경우도 있어. 기체로 변한 연료가 충분한 양의 산소와 만날 때는 불꽃이 생기지만, 산소가 부족하면 밝은 빛만 낼 뿐 불꽃이 생기지는 않아. 숯이 탈 때가 그래.

숯은 나무를 구워서 만든 것이라 쉽게 기체로 변할 수 있는 물질은 이미 빠져나간 상태야. 연료이긴 하지만 서서히 탈 수밖에 없는 경우이지. 대신 숯은 작은 구멍이 아주 많아. 숯을 높은 온도로 가열하면, 구멍 사이사이로 산소가 들어가 숯과 결합하면서 타게 돼. 하지만 구멍의 크기가 워낙 작다 보니 충분한 산소와 만나기는 힘들어. 그래서 느리게 오랫동안 불이 타게 돼. 불꽃이란 연료가 산소와 결합하는 공간에 불과하거든.

정리해 보자면 물질이 불꽃을 내며 타기 위한 첫 단계는 물질이 기체로 변하는 것에서 시작돼. 처음부터 기체 상태였던 물질은 공기 중의 산소와 만나기가 아주 쉬워. 그래서 나처럼 아주 작은 불꽃만 있어도 연소가 금세 시작되는 거야.

고체나 액체 상태인 물질은 기체로 변한 뒤 산소와 결합할 수 있는 충분한 열이 있어야 불이 생길 수 있어. 그러니까 물질이 불에 타기 시작하는 온도는 물질이 기체로 변하는 온도와 깊은 관련이 있다고 할 수 있단다.

불꽃의 모양

사람들은 일렁이는 불꽃이 봉긋한 꽃봉오리를 닮았다고 말해. 심지를 감싸고 있는 아랫부분은 둥글넓적하고 위로 갈수록 가늘어져서 끝이 뾰족해지기 때문인가 봐. 그런데 불꽃은 왜 뾰족한 모양일까? 그냥이라고? 에이, 세상에 이유 없는 일이 어디 있어?

그건 대류 때문이야. 열에 의해 뜨거워진 공기나 물은 위로 올라가고, 차가운 공기나 물은 아래로 내려오면서 열을 고르게 전달하는 현상이 **대류**야.

촛불 주변에서도 대류가 일어나는지 한번 확인해 볼까? 촛불 가까이에 손을 가져가 봐. 촛불 옆쪽이나 아래쪽에 손을 댈 때와 위쪽

에 손을 댈 때 어디가 더 뜨거운지 비교해 봐.

만약 제대로 해 보았다면 촛불 위에 손을 댈 때 가장 뜨겁다고 느꼈을 거야. 이건 뜨거운 공기가 위로 올라가기 때문이야. 촛불이 타는 동안 발생한 열이 주위의 공기를 덥히고, 뜨거워진 공기는 가벼워져서 위로 올라가며 대류가 일어나거든.

대류 때문에 불꽃 아랫부분인 심지 쪽으로 찬 공기가 밀려오면, 기체로 변한 양초 성분은 찬 공기 속에 들어 있는 산소와 결합해 빛과 열을 한껏 내지. 바로 불꽃을 만드는 거야. 그러는 동안 공기는 뜨

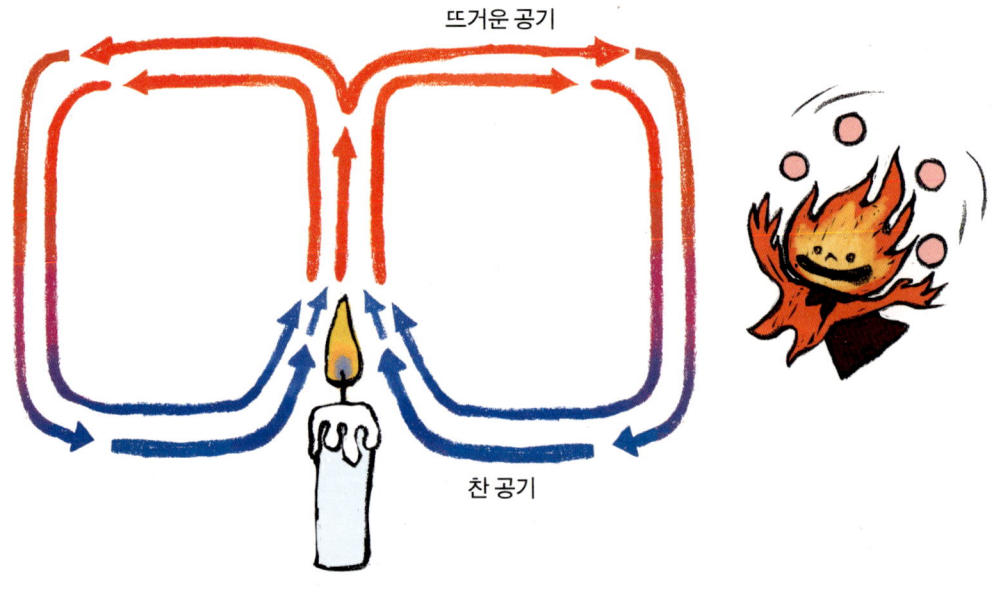

거워져서 위로 올라가고, 그 자리에는 다시 찬 공기가 밀려와. 이렇게 촛불 가까이에 있는 공기들은 계속 위로 올라간단다. 이런 공기의 흐름 때문에 불꽃이 꽃봉오리 모양처럼 보이는 거야.

또 불꽃은 언제나 하늘로 올라가는 것처럼 위쪽을 향해. 네가 그동안 보았던 불꽃을 떠올려 봐. 우린 앞에서 보나 뒤에서 보나 위로 올라가는 것처럼 보이잖아. 아마도 아래를 향해 타는 불꽃을 본 적은 없을 거야. 뭐? 우리가 하늘을 좋아해서 그런 거 아니냐고? 에이, 그런 이유라면 내가 이야기를 꺼냈겠어?

이것도 바로 대류 때문이야. 불꽃의 모양은 공기의 흐름 때문에 만들어진다고 했잖아. 불꽃이 위로 올라가는 뜨거운 공기를 따라 움직이다 보니 위로 솟아오르는 것처럼 보일 수밖에 없지.

대류에 의한 공기의 흐름이 불꽃의 모양을 만드는 거야.

만약 대류가 일어나지 않는다면 불꽃은 어떤 모양이 될까? 대류가 일어나는 건 지구의 중력 때문이야. 지구의 중력은 무거운 물체를 강하게 잡아당기고 가벼운 물체는 약하게 잡아당기거든. 뜨겁게 가열된 공기는 가벼워져서 중력의 영향을 덜 받기 때문에 위로 올라가

고, 차갑게 식은 공기는 무거워져서 중력의 영향을 많이 받기 때문에 아래로 내려오게 되지. 지구에서는 언제나 대류가 일어나기 때문에 불꽃이 늘 위로 올라가는 길쭉한 꽃봉오리 모양이 되는 거야.

그런데 지구와 달리 우주선이나 인공위성 안은 중력이 거의 없는 무중력 상태야. 이런 곳에서 촛불을 켜면 불꽃이 공 모양이 돼. 심지 주위의 공기가 뜨거워져도 중력이 없어서 대류가 일어나지 않으니까 공기가 위로 움직이지 않고 그대로 멈추어 있거든. 그래서 불꽃이 동그란 모양이 되는 거지. 정말 신기하지?

무중력 공간에서는 불꽃의 모양만 다른 것이 아니라 촛불이 오랫동안 타기가 힘들어. 지구에서 양초가 꺼지지 않고 계속 탈 수 있는 건 대류 때문에 심지 아래쪽으로 산소가 풍부하게 들어 있는 새로운 공기가 계속 공급되기 때문이야. 그런데 무중력 공간에서는 그런 공기의 움직임이 없으니, 촛불 주위의 산소를 모두 태우고 나면 산소가 없어지지. 그래서 더 이상 살아남기가 어려운 거야. 즉 우주선 안에서 촛불을 켜면, 불꽃이 공 모양으로 둥글게 부풀다가 곧 꺼지고 말아. 아무리 생각해도 내가 살아남기에는 역시 지구가 최고란 말씀!

불꽃의 온도와 색깔

　이제 불꽃의 모양에 대한 비밀을 풀었으니, 지금부터는 불꽃의 색깔을 살펴볼까? 자, 촛불을 조금 더 들여다보자고. 양초 위에서 뾰족한 모양으로 타고 있는 불꽃이 무슨 색으로 보이니?
　아마 불꽃의 색깔을 한마디로 표현하기는 어려울 거야. 불꽃의 색깔이 조금씩 변하기도 하고, 자세히 들여다보면 경계는 없어도 불꽃이 겹겹이 층을 이루고 있거든.
　양초의 불꽃은 크게 겉불꽃, 속불꽃, 불꽃심, 세 부분으로 나눌 수 있어. 불꽃의 가장 바깥쪽을 **겉불꽃**이라고 하는데, 겉불꽃은 아주 밝은 푸른빛을 띠기 때문에 네 눈에는 투명해 보여서 관찰하기 힘들어. 겉불꽃 바로 안쪽에는 밝은 주황빛이나 붉은빛을 내는 부분이 있어. 바로 **속불꽃**이야. 속불꽃을 지나 불꽃의 가장 깊숙한 곳에는 어둡게 보이는 **불꽃심**이 있어.
　그럼 촛불이 층을 이루고 서로 다른 색으로 보이는 이유는 무엇일까? 그건 불꽃의 부위마다 온도가 다르기 때문이야. 불꽃의 실제 온도를 측정하는 건 어려운 일이지만, 불꽃의 부위마다 온도가 다르다는 것은 간단한 실험으로 알아볼 수 있어.
　나무젓가락 세 개를 준비한 다음, 나무젓가락을 각각 겉불꽃과 속

불꽃, 불꽃심을 지나도록 촛불 속에 넣어 보는 거야. 나무젓가락과 닿는 불꽃이 어느 부분이냐에 따라 타는 정도가 달라지거든.

실험을 해 보면 불꽃 끝에 대고 있던 나무젓가락은 타서 까맣게 변하고, 불꽃 중간에 넣은 나무젓가락은 바깥쪽은 까맣게 타고 안쪽은 살짝 탄 자국이 남을 거야. 심지 가까이에 넣은 나무젓가락은 거의 타지 않고 약간 그을린 정도일 거고. 온도가 높은 부분일수록 더 잘 타서 나무젓가락이 까매지겠지?

그러니까 나무젓가락이 탄 모양을 놓고 보면 불꽃의 가장 바깥쪽인 겉불꽃의 온도가 가장 높고, 불꽃심은 온도가 가장 낮은 거지.

겉불꽃
온도가 섭씨 1400도 정도로 가장 높고, 투명에 가까운 푸른빛을 띠어.

속불꽃
온도가 섭씨 1200도 정도로 두 번째로 높지만, 가장 밝아. 주황색이나 붉은색을 띠어.

불꽃심
온도가 섭씨 400~900도 정도로 가장 낮고, 가장 어두워.

겉불꽃은 공기와 맞닿아 있기 때문에 산소 공급이 잘돼. 그래서 기체 양초가 산소와 활발히 결합하면서 많은 열과 빛을 내. 기체로 변한 양초 알갱이들이 모두 완전히 타면서 높은 온도를 내지. 속불꽃은 겉불꽃보다 안쪽에 있기 때문에 산소가 충분하지 않아서 산소와 결합하지 못한 알갱이도 생겨. 그래서 완전히 타지 못한 기체 양초의 찌꺼기가 떠다니게 돼. 대신 이 찌꺼기들이 열을 받아 환한 빛을 내지. 불꽃심은 산소도 부족하고, 양초가 기체로 변하는 부분이라 타지 못한 기체 양초가 많이 몰려 있어. 그래서 온도도 가장 낮고 가장 어두워.

불의 온도가 불꽃의 색깔을 결정하는 거야.

그럼 촛불과 가스 불의 불꽃색이 다른 것도 온도 때문일까? 맞아. 가스 불의 온도가 촛불의 온도보다 높기 때문에 푸른빛으로 보이는 거야. 불의 온도가 높을수록 푸른 색깔로 보이거든.

　가스레인지의 불꽃은 왜 온도가 더 높냐고? 워워, 성질 급하기는. 가스레인지를 잘 살펴보면, 연료인 가스가 나오는 구멍이 있잖아? 그런데 이 구멍을 통해 가스만 나오는 것이 아니라 산소가 함께 공급돼. 결국 가스는 충분한 양의 산소와 결합하면서 타기 때문에 온도가 높아지는 거야.

　실수로 가스레인지에 물을 흘려 불의 온도가 낮아지게 되면, 가스 불의 색깔도 촛불처럼 노랗거나 주황색을 띠게 돼. 또 가스레인지의 구멍이 막혀서 충분한 산소와 만날 수 없을 때도 마찬가지야.

　그런데 불꽃이 온도에 따라 다른 색깔로 보인다는 건 다른 색깔의 빛을 낸다는 뜻이기도 해. 우리 불은 단지 물질이 산소와 반응할 때 생긴 빛과 열일 뿐이라는 거 기억하지? 결국 물질마다 산소와 반응할 때 서로 다른 빛과 열을 낸다는 뜻이지.

　더 재미난 사실은 모든 물체는 산소와 반응하지 않아도 빛을 내고 있다는 거야. 믿기지 않겠지만 사실 어떤 물체든 모두 빛이 나고 있어. 심지어 네 몸에서조차 말이야! 다만 온도가 낮으면 사람들의 눈에는 보이지 않는 빛만 내기 때문에 잘 모를 뿐이야.

열이 있는 곳에서는 모두 빛이 나게 마련이야.

쇠를 달구어 보면 불꽃이 생기지는 않지만 온도에 따라 다른 색깔로 빛나는 걸 볼 수 있어. 처음에는 아무런 빛도 내지 않다가 쇠가 점점 뜨거워져 섭씨 500도 정도가 되면 검붉게 변하기 시작해. 섭씨 800도 정도에서 빨간색이 되고, 더 가열하면 주황색을 거쳐 노란색의 빛을 내지. 그대로 계속 가열해서 섭씨 1400도 정도를 넘어서면, 모든 색깔의 빛을 내서 거의 흰색으로 보여.

온도에 따라 서로 다른 색깔의 빛을 내는 것은 밤하늘에 빛나는

달구어진 쇠는 온도에 따라 다른 색깔의 빛을 내.

별도 마찬가지야. 모든 별들은 자신의 온도에 따라 다양한 빛을 내고 있거든. 사람들은 멀리 떨어져 있는 별의 온도를 별이 가진 색깔로 알아내고는 해. 맨눈으로 보면 그냥 모두 흰빛으로 보이겠지만, 사진을 찍어 자세히 관찰하면 붉은색에서 흰색, 푸른색까지 다양한 색의 빛을 내는 별들을 볼 수 있단다.

온도가 낮을수록 붉은색 쪽의 빛이 더 많이 나고, 온도가 높을수록 푸른색 쪽의 빛이 더 많이 보이거든. 그래서 촛불이나 가스 불 같은 불꽃도 온도에 따라 색깔이 다르게 나타났던 거야.

이런 원리를 이용해 불꽃놀이를 하느냐고? 아니, 밤하늘을 수놓는 알록달록한 불꽃의 색깔은 온도가 아니라 바로 폭죽 속에 들어 있는 여러 종류의 금속 때문에 만들어지는 거야. 금속들은 산소와 결합할 때 저마다 독특한 색깔의 빛을 내며 타거든. 금속의 종류에 따라 자신만의 고유한 불꽃색이 있지. 예를 들면 전선을 만들 때 쓰는 구리는 청록색, 전지에 많이 사용되는 리튬은 빨간색 불꽃을 만들어.

그런데 불꽃색을 결정하는 것은 온도 하나만이 아니야. 어떤 물질이 산소와 만났느냐에 따라 특정한 색깔의 빛을 내기도 하고, 산소가 충분한지 아닌지에 따라서도 불꽃색이 달라지지.

불이 타고 난 뒤

　어, 이제 양초가 많이 짧아졌네. 촛불이 타면서 고체 양초가 녹아 촛농이 되고, 촛농이 심지를 타고 올라가 기체 양초가 되고, 기체 양초는 산소와 만나 우리 불꽃을 만들며 타올라.

　그래서 촛불이 환하게 탈수록 양초가 조금씩 작아지지. 그럼 양초는 완전히 사라져 버린 걸까? 물질을 태우면 흔적도 없이 사라지는 것 같지만, 사실은 그렇지 않아. 단지 눈에 보이지 않는 다른 물질로 변해 공기 중으로 날아가는 것뿐이야.

　나무나 알코올, 석유처럼 사람들이 연료로 쓰는, 잘 타는 물질에는 대부분 탄소와 수소가 들어 있어. 물론 양초에도 탄소와 수소가 들어 있지. 그런데 이 양초 속의 탄소와 수소가 불에 타면, 즉 산소와 결합하면 새로운 물질이 만들어져. 바로 물과 이산화탄소야. 물은 수소와 산소가 결합해서 만들어지고, 이산화탄소는 탄소와 산소가 결합해서 만들어진 물질이야.

　천연가스 같은 기체 연료나 휘발유처럼 기체로 변하기 쉬운 물질들은 적은 열로도 산소와 결합하기 쉽기 때문에 완전히 연소되어 눈

에 보이지 않는 이산화탄소와 물만 만들어 내.

하지만 양초처럼 쉽게 기체로 변하지 않는 물질은 처음 불꽃이 생기기도 어렵고, 또 완전히 연소되지 않는 경우도 많아. 이럴 땐 덜 탄 연료 때문에 그을음이 생기고 나쁜 냄새도 나지.

연소를 해도 이산화탄소나 물이 전혀 생기지 않는 물질도 있어. 바로 금속처럼 탄소와 수소가 들어 있지 않은 물질이야. 예를 들면 철은 산소와 결합하면 이산화탄소나 물 대신 산화철 같은 새로운 물질을 만들어. 산화철은 고체여서 공기 중으로 날아가지 않고 그 자리에 재가 되어 남지.

우리가 좋아하는 연료들은 타는 동안 대부분 기체가 되어 날아가 버리기 때문에 타고 나면 처음 물질에 비해 매우 적은 양의 찌꺼기만 재로 남아. 하지만 금속처럼 잘 타지 않는 물질은 기체가 되어 날아가지 못하기 때문에 대부분이 재로 남지.

불이 타고 나서 어떤 물질이 생기든, 나 화르륵 님이 다녀간 자리에는 물질의 처음 모습은 온데간데없이 사라지고 잿더미만 남는다는 것이 공통점이랄까? 그러니까 사람들이 없애고 싶은 쓰레기를 깨끗하게 청소해 주는 것도 우리의 능력이라고 할 수 있지.

불이 하는 일

불은 사람들 곁에서 아주 많은 일을 하고 있어.
흙을 구워 그릇을 만들고, 금속을 녹여 도구를 만들고,
자동차를 움직이게 하고, 로켓을 발사시키도록 도와주지.
또 불이 없다면 화려한 불꽃놀이도 할 수 없을 거야.
이번에는 불이 얼마나 재주 많은 일꾼인지 알아보자고.

그릇을 만드는 불

사람들의 역사는 우리 불과 함께 발전해 왔어. 허풍이 심하다고? 천만에, 사람들이 추위를 피해 돌아다니지 않고 한곳에 머물러 살게 된 건 바로 우리 불을 다루게 되면서부터였어. 또 사람들이 모여 살기 시작하니까 금세 인구가 늘어났고, 사람 수가 많아지니 먹을 것도 많이 필요해졌지. 그러다 보니 자연스럽게 농사가 시작되었어. 물론 농사를 짓는 데도 우리 불이 한몫했지. 사람들은 우리 불을 이용해 잡초만 잔뜩 자라던 땅을 농사지을 터전으로 만들었거든.

농사를 짓게 되면서 사람들의 세상은 참 많이 변했어. 그 전에는 사냥한 짐승이든, 열매든 그냥 그때그때 생기는 대로 먹고살았는데, 농사를 지으면서 곡식이나 열매를 저장할 그릇이 필요해졌단다. 사람들은 그릇을 만들어 곡식을 저장해 두기도 하고, 그릇에 음식을 담아 끓이거나 요리를 했지. 그런데 사람들이 그릇을 만들 수 있었던 것도 다 우리가 힘을 쓴 덕분이야. 으쓱으쓱!

사람들이 우리를 이용해 그릇을 만들 수 있다는 걸 알게 된 건 우연한 발견이었어. 뭐 대부분의 발견이나 발명들이 아주 우연한 계기로 시작되었지만. 그러니까 어떻게 된 거냐면 말이지, 어떤 사람이 모닥불을 피웠던 곳 주변의 땅이 단단하게 굳어진 것을 발견한 거야. 그걸 보고 땅에 구덩이를 파서 진흙을 바르고 그 안에 불을 피워 보았어. 불이 꺼지고 나서 살펴보니 진흙이 단단하게 굳어 있었지. 그렇게 최초의 토기가 탄생한 거야.

물론 우리가 도와주지 않아도 진흙으로 그릇을 만들 수는 있어. 진흙으로 모양을 만든 다음, 햇볕에 말리면 되거든. 하지만 햇볕에 말린 그릇은 그저 흙 속의 물기만 날아간 것이라 깨지기도 쉽고 물을 담아 끓일 수도 없어. 흙으로 만든 그릇을 불에 구워야만 단단한 그릇이 되거든.

우리가 온 힘을 다해 활활 타오르면 흙 속에 남아 있던 물기는 날아가고, 흙 알갱이의 일부가 녹아서 서로 달라붙게 돼. 그러면 물을 담아 끓여도 깨지거나 금이 가지 않는 단단한 그릇이 만들어지지.

사람들이 토기를 만들어 쓰기 시작한 것은 지금으로부터 약 8000년 전이야. 그때는 맨땅에서 불을 피워 그릇을 만들었기 때문에 우리가 아무리 활활 타더라도 섭씨 600도 정도의 온도밖에 내지 못했어. 이렇게 흙으로 만든 그릇을 섭씨 600~800도 정도에서 구운 것을 **토기**라고 해. 토기는 높은 온도로 구운 것이 아니기 때문에 흙 알갱이가 제대로 녹을 수 없어. 이러면 알갱이 사이의 공간은 비어 있는 채로 남아 있기 때문에 물이 쉽게 스며드는 단점이 있어.

그래서 사람들은 끊임없이 노력해서 단순한 토기에서 도기를 거쳐 자기에 이르기까지 점점 더 수준 높은 그릇을 만들어 냈어.

흙을 굽는 온도가 높을수록 더 단단하고 질 좋은 그릇이 만들어져. 불의 온도가 그릇의 종류를 결정하지.

사람들이 가마를 발명하자 약 섭씨 1000도가 넘는 높은 온도에서도 그릇을 구울 수 있게 되었어. 우리가 타오르는 모습을 보면 알 수 있겠지만, 불이란 게 워낙 위로 올라가면서 타는 성질이 있잖아? 그러니까 불길이 막힌 가마 속에서 불을 피우면 맨땅에서 굽는 것보다 훨씬 높은 온도를 만들 수 있거든. 우리로서야 좁은 가마 안이 답답해서 더 열을 내어 타오르는 것뿐이지만.

어쨌든 가마 안에서 섭씨 1100도 정도의 높은 온도로 구워 만든 그릇을 **도기**라고 해. 도기는 비교적 높은 온도로 굽기 때문에 흙 알갱이 사이의 공간이 거의 없어. 그래서 물이나 다른 물질이 잘 스며들지 않고, 날카로운 금속으로 긁어도 잘 긁히지 않을 정도로 단단하지. 사람들은 도기를 더 튼튼하게 만들기 위해 유약을 발라서 굽기도 해. 아참, 너희 집 화장실에 있는 변기나 세면기, 타일 따위도 도기로 만들어진 거야.

토기는 유약을 바르지 않아서 흙 색깔을 띠지만, 도기와 자기는 유약을 발라서 굽기 때문에 여러 가지 색을 낼 수 있어.

흙을 구워 만든 그릇 중 최고는 자기야. **자기**는 세라믹이라고도 부르는데, 워낙 높은 온도에서 구운 것이라 단단한 데다가 열에도 아주 강하거든. 자기는 질이 좋은 흙으로 그릇 모양을 만들어 말린 다음, 섭씨 900~1000도 정도에서 1차로 구워 내고, 그릇 표면에 그림을 그리거나 무늬를 넣은 뒤 유약을 발라 섭씨 1300도 이상 되는 높은 온도에서 다시 한 번 구워 내. 자기는 표면에 그림을 그릴 수 있어서 아름답고 다양한 무늬의 그릇이 되지.

사람들은 이제 이런 기술을 단순히 그릇을 만드는 데만 쓰지는 않아. 특수한 목적에 맞추어 최첨단 기술로 세라믹을 만들고 이것을 **파인 세라믹스**라고 부르고 있어. 파인 세라믹스는 엄청난 열을 견딜 수 있기 때문에 로켓이나 미사일, 우주 왕복선의 재료로 쓰이기도 해. 뿐만 아니라 인공 뼈나 인공 치아를 만드는 데도 세라믹이 쓰이고 있지. 어때, 단순한 그릇을 만드는 것부터 우주선의 재료를 만들기까지 우리 불의 역할이 정말 대단하지 않니?

금속을 다루는 불

우리 불은 사람들이 흙뿐만 아니라 금속도 자유롭게 사용할 수 있도록 도와주었어. 사람들은 우리를 다루는 기술을 이용해 금속으로 다양한 도구를 만들어 냈지.

사람들이 금속을 사용하기 시작한 건 지금으로부터 약 1만 년 전이야. 금속은 대부분 돌 속에 섞여 있기 때문에 사람들이 금속을 얻기 위해서는 우리의 힘이 필요해. 우리 불이 돌 속에 있는 금속을 녹여내 사람들이 쓸 수 있는 형태로 만들어 주니까 말이야.

사람들이 처음 발견한 금속은 다른 금속보다는 비교적 낮은 온도에서 녹는 금이나 은, 구리 같은 금속이었어. 하지만 이들은 무른 데다 구할 수 있는 양이 적어서 널리 사용되지는 못하고, 주로 장신구를 만드는 데 쓰였어.

사람들이 금속을 제대로 쓸 수 있게 된 건 청동이 발견되면서부터야. 청동은 지금으로부터 약 6000년 전, 메소포타미아 사람들이 불

속에 구리와 검은 모래를 함께 넣어 녹이면서 우연히 발견되었단다. 그때 사람들이 물건을 만들기 위해 구리를 녹이는 건 종종 하는 일이었으니까, 뭐 특별한 일은 아니었지. 그런데 함께 넣은 검은 모래 때문에 아무도 예상하지 못한 일이 생겨 버렸어. 검은 모래 속에 들어 있던 주석이라는 금속과 구리가 함께 녹아 섞이면서 새로운 성질을 가진 금속이 만들어진 거지. 그게 바로 청동이야.

청동은 구리보다 더 단단하기 때문에 주로 무기를 만드는 데 쓰였어. 이제는 박물관에나 가야 볼 수 있는 청동 검과 청동 방패가 사람들의 역사에서 새로운 시대를 연 거야. 사람들이 청동으로 무기를 만들어 전쟁에 사용했고, 강한 부족들은 세력을 넓혀 국가를 만들었단다. 같이 모여 사는 집단의 크기가 훨씬 커진 거야. 그래서 이때부터를 **청동기 시대**라고 불러.

하지만 청동도 신분이 높은 사람들이 사용하는 물건이나 무기를 만드는 데만 쓰였어. 청동을 만들려면 귀한 금속인 구리가 필요했기 때문에 많은 사람들이 쓸 수는 없었지.

그러다 사람들은 철을 발견했어. 철은 지금까지도 사람들이 가장 많이 사용하는 금속이야. 철이 많이 쓰이는 건, 지구에 워낙 철이 많기 때문이야. 게다가 청동보다 단단하기까지 하고 말이야.

하지만 철이 불에 녹으려면 불의 온도가 무려 섭씨 1538도 이상이 되어야 해. 자기를 구울 때보다도 훨씬 높은 열이 필요한 거지.

철을 다루려면 불을 제대로 다룰 수 있어야 해.

그래서 사람들이 철을 이용한 도구를 제대로 만들게 된 건 지금으로부터 4000년 정도밖에 안 되었어. 이때를 **철기 시대**라고 하지. 철

도 처음에는 무기를 만드는 데 주로 사용되었지만, 쉽게 구할 수 있는 금속이라 나중에는 농기구를 만들거나 여러 가지 물건을 만드는 데 쓰였어. 철은 지금도 갖가지 도구와 기계를 만드는 데 쓰이지.

철을 제대로 녹여서 원하는 모양을 만들려면 용광로가 필요해. **용광로**란 도자기를 굽는 가마와 마찬가지로 높은 온도를 만들어 철을 녹이는 가마야. 시간이 흐르면서 사람들이 철을 다루는 기술과 용광로가 점점 발전했어. 그렇게 철로 만든 기계가 널리 쓰이면서 산업 혁명이 시작된 거야.

이렇게 사람들은 우리의 힘을 빌려 더 높은 단계로 발전할 수 있었어. 역사의 중요한 순간마다 늘 우리가 사람들과 함께했지. 우리가 있었던 곳에 변화가 있었다, 이런 말씀!

폭발하는 불

우리를 이용해 그릇을 만들거나 금속을 다루는 것은 우리가 가진 힘에서 아주 작은 부분을 사용하는 거야. 우리는 네가 생각하는 것보다 훨씬 엄청난 힘을 가지고 있거든.

하긴 사람들은 지금으로부터 약 1700년 전부터 폭발의 위력을 알고 있었어. 우리가 폭발하는 성질을 이용해 화약도 발명했지. **폭발**은 굉장히 빠르고 거세게 일어나는 연소 반응이야. 폭발하는 불의 힘은 네가 상상하기 힘들 만큼 대단해. 여기서 잠깐 우리가 폭발할 때 얼마나 무서운 힘을 내는지 역사적인 사건을 하나 살펴볼까?

1977년 11월 11일, 전라북도 이리역(지금의 익산역)에 화물 열차 한 대가 멈추어 있었어. 저녁이 되자 호송원 한 사람이 기차의 짐칸으로 들어갔어. 호송원은 열차에 실린 물건을 목적지까지 안전하게 운반할 책임을 맡은 사람이야. 이 호송원은 짐칸 안에 쌓여 있는 종이 상자 위에 촛불을 켜 놓고 잠이 들었어.

아이쿠, 너무 어둡군. 성냥이 어딨더라?

얼마 뒤 호송원은 뜨거운 열기 때문에 잠에서 깼어. 그러고는 종이 상자에 불이 옮겨붙은 것을 발견했지.

사람들은 다이너마이트가 폭발하기 전에 불을 끄기 위해 최선을 다했어. 물론 다이너마이트를 실은 기차에 불이 났다는 말을 들은 대부분의 사람들은 도망을 가느라 바빴지만. 그런데 잠시 뒤 "쾅" 하며 엄청난 소리와 함께 폭발이 일어났어. 또 잠시 뒤 "쾅", 또 잠시 뒤 "쾅" 하며 연속 세 번이나 폭발이 일어났지.

기차에 실려 있던 다이너마이트가 폭발하면서 기차역의 대부분이 날아가고, 주위의 집들도 산산조각이 났어. 역을 중심으로 500미터 안에 있던 건물은 다 부서졌지. 다이너마이트가 있던 곳에는 지름 30미터, 깊이 10미터의 거대한 웅덩이가 파였고, 1000명이 넘는 사람들이 다치거나 죽었단다. 이런 엄청난 사고가 상상이 되니?

그런데 폭발이 일어나면 왜 그렇게 주위에 엄청난 영향을 미치는 걸까? 그건 폭발을 하면 아주 빠르게 아주 많은 양의 기체가 생기기 때문이야.

일단 폭발이 시작되면, 연소와 동시에 엄청나게 많은 양의 기체가 생겨.

이 기체들은 높은 온도 때문에 빠르게 팽창되고, 팽창하면서 생기는 힘 때문에 주위의 건물이나 모든 물체를 파괴하게 되지. 팽창하면서 뿜어져 나오는 기체의 힘은 정말 대단해서 가로막고 있는 모든 물체를 날려 버릴 정도야.

사람들이 만든 모든 폭발물은 이런 원리로 만들어져. 빠르게 연소가 일어나면서 많은 양의 기체가 만들어지도록 하는 거지. 그런데 빠른 연소가 일어나려면 무엇이 필요할까? 맞아! 산소를 더 많이, 빠르게 공급해 주면 돼. 그래서 폭약이나 로켓의 연료는 타는 재료와 함께 액체나 고체 상태의 산소가 들어 있어. 연소하면서 산소를 발생시키면 더욱 연소가 활발하게 일어나서 폭발로 연결될 수 있거든.

그런데 산소 때문에 폭발물이 아닌데도 자연스럽게 폭발이 일어나는 경우가 있어. 바로 산소와 만나는 면적이 넓은 가루 물질인 경우가 그래.

19세기까지만 해도 석탄을 캐는 광산에서 폭발이 자주 일어났어. 석탄은 원래 불에 잘 타는 연료인데, 탄광에는 이 석탄가루가 공기 중에 많이 떠 있거든. 석탄가루는 산소와 만날 수 있는 면적이 넓어서 일단 연소를 시작하면 폭발로 이어지기 쉬워. 그래서 광부들이 어둠 속에서 앞을 보기 위해 촛불을 켜다가 가루 폭발이 나곤 했단다. 정말 끔찍한 사고지.

석탄가루뿐만 아니라 밀가루나 설탕 가루도 폭발할 수 있어. 특히 밀가루는 알갱이가 아주 작아서 폭발 사고가 나기 쉬워. 공기 중에 밀가루를 날리면 밀가루 알갱이가 공기와 접촉하는 면적이 넓어지고, 많은 양의 산소가 쉽게 공급돼. 그래서 불이 붙는 면적이 커지고, 연소가 한꺼번에 진행되면서 폭발이 일어나는 거야.

사방이 막혀 있는 공간에서 밀가루 폭발이 일어나면 기체의 부피가 엄청나게 커지면서 건물 하나쯤은 쉽게 날려 버릴 정도의 힘이 생겨. 정말 대단하지? 우리가 커지는 속도가 빨라지면 걷잡을 수가 없다니까. 후훗!

하지만 사람들은 참 신기하단 말이야. 우리가 폭발하는 것을 마냥 무서워만 하지 않고 우리의 힘을 이용하거든. 예를 들면 로켓이 발사되어 날아가도록 하기 위해 폭발의 힘을 사용하는 것처럼 말이야. 로켓이 지구의 중력을 벗어나 우주로 날아가려면 아주 큰 힘이 필요해. 그 힘을 만들기 위해 사람들은 로켓 안의 연소실이라는 곳에서 폭발을 일으켜서 엄청나게 많은 양의 기체를 뿜어내도록 했어. 이렇게 로켓의 뒤에서 뿜어져 나온 기체의 힘으로 로켓은 지구의 중력을 벗어나게 돼.

로켓이 발사될 수 있을 만큼의 큰 힘이 생

기려면 한꺼번에 많은 양의 연료가 불에 타야 해. 덕분에 로켓이 발사될 때는 꽁무니에서 거대한 불꽃을 볼 수 있어. 이 과정에서 빠른 속도로 엄청나게 많은 기체가 만들어지는 거야.

그렇다고 폭발이 위험하기만 한 것은 아니야. 엄청난 위력을 가진 폭발은 사람들을 두렵게 하기도 하지만, 한편으로는 환상적이고 매력적이기도 해. 폭발이 일어날 때 생기는 소리나 빛의 아름다움은 충분히 감탄할 만한 것이니까.

화약을 처음으로 만들었던 중국 사람들은 화약이 폭발할 때 생기는 불빛과 폭발음, 연기를 보면서 불꽃놀이를 생각해 냈대. 불꽃으로

　귀신을 내쫓고 전쟁의 승리를 축하한 거야. 처음에는 불꽃을 보는 것보다 팡팡 터지는 소리로 사람들을 즐겁게 했다고 해. 하지만 역시 불꽃놀이는 나처럼 화려한 불꽃이 튀어나오면서 아름다운 모양을 만들어 내는 게 제맛이지. 이제 불꽃놀이는 전 세계로 전파되고 점점 발전하여 축제를 화려하게 장식하고 있어.

　폭발은 그 위력이 커서, 발생하는 에너지도 어마어마해. 하지만 결국 우리를 잘 이용하는 것은 너희 사람들의 몫이야. 우린 끔찍한 사고를 부를 만큼 위험하기도 하지만, 잘 다루면 어디에서나 능력을 발휘할 수 있으니까!

에너지를 만드는 불

너 혹시 전 세계 사람들이 살아가는 데 쓰는 에너지의 4분의 3 이상이 바로 우리, 불이 탈 때 생기는 에너지라는 사실을 알고 있니? 에너지는 물체를 움직이거나 일을 할 수 있는 힘을 말해. 너희가 활동하기 위한 모든 힘의 근원이라고 할 수 있지!

우리는 빛 에너지와 열에너지를 만들어. 옛날 사람들은 우리가 만들어 낸 에너지로 기껏해야 어둠을 밝히거나 요리를 하는 정도였지만, 지금은 집을 따뜻하게 덥히고, 텔레비전을 보고, 세탁기로 빨래를 하고, 공장에서 물건을 만들고, 자동차나 비행기를 타고 이동하는 등 수많은 일에 우리가 만들어 낸 에너지를 쓰고 있어.

한마디로 우리 불을 이용해 기계를 움직이는 거지.

수증기가 가진 힘 때문에 냄비 뚜껑이 들썩거려.

사람들이 우리 불이 내는 열에너지로 기계를 움직이는 방법에는 크게 두 가지가 있어. 하나는 우리가 가진 열에너지로 물을 끓여 수증기를 만든 뒤, 수증기의 힘으로 기계를 움직이는 거야. 이 방법을 사용하게 된 건 증기 기관을 발명하면서부터야. 증기 기관 덕분에 사람들이 하던 일을 기계가 대신하게 되고, 증기 기관차 덕분에 더 많은 사람과 물자가 도시 사이를 오갈 수 있게 되었지.

지금은 증기 기관이 사라졌지만, 이 방법은 여전히 사용되고 있어. 화력 발전소에서는 연료를 태울 때 나오는 열에너지로 물을 끓여 수증기를 만들어. 수증기는 터빈이라는 장치를 회전시키고, 터빈이 돌아가면 전기가 만들어져.

사람들이 우리를 이용해 기계를 움직이는 두 번째 방법은 폭발을 이용하는 거야. 사람들은 19세기 말이 되자 내연 기관을 발명했어. **내연 기관**은 따로 물을 데워 수증기로 기계를 움직이는 것이 아니라 석유나 가스를 태울 때 생기는 열과 기체의 힘으로 직접 기계를 움직이게 만든 장치야. 내연 기관은 자동차 엔진으로 쓰여. 자동차 엔진은 연료와 공기를 적절하게 섞은 다음, 전기 불꽃으로 연료를 폭발시켜. 그럼 순간적으로 많은 양의 기체가 나오면서 팽창하고, 그 기체의 힘을 이용해 자동차를 움직이지.

　증기 기관을 사용하든 내연 기관을 사용하든 사람들은 대부분의 에너지를 화석 연료를 태워서 얻어. 모든 화석 연료는 불에 잘 타거든. 이런, 화석 연료가 뭐냐고? 화석이라고 하니까 공룡밖에 안 떠오른다고? 하하. **화석 연료**는 공룡처럼 수억 년 전에 살다가 죽은 동식물이 땅속에 파묻혀 화석처럼 굳어지는 과정을 거쳐 만들어진 연료야. 석탄, 석유, 천연가스 등이 대표적인 화석 연료지.

　사람들은 처음에는 화석 연료 중 석탄을 가장 많이 썼어. 하지만 석탄은 오염 물질이 많이 나오는 데다 탄광의 안전사고도 많았기 때문에 사람들은 다른 화석 연료를 찾아 나서게 되었어. 이때부터 많이 사용하게 된 것이 석유와 천연가스야. 이들은 석탄보다 사용하기 편

하고 불도 잘 붙었지. 하지만 이런 화석 연료는 태울 때 이산화탄소를 비롯한 대기 오염 물질이 많이 발생하는 편이야. 지구 환경에 나쁜 영향을 끼치는 거지. 게다가 묻혀 있는 양이 정해져 있기 때문에 머지않아 바닥이 날 거라고 해.

그래서 사람들은 화석 연료 대신 환경을 덜 오염시키고, 계속해서 사용할 수 있는 새로운 에너지에 관심을 가지게 되었어. 수력, 원자력, 태양열, 풍력 같은 에너지 말이야. 그럼 내 역할은 이제 끝나가고 있느냐고? 그 무슨 섭섭한 말씀!

사람들은 새로운 에너지를 찾아 나섰지만 결코 쉬운 일은 아니었어. 수력이나 원자력을 이용하려면 거대한 발전소를 새로 지어야 하고, 태양열이나 바람을 이용하려면 자연 속에 흩어져 있는 햇볕이나 바람을 모아서 쓸 수 있는 장치를 개발해야 했지.

그래서 사람들은 화석 연료가 아닌 다른 연료를 태우는 방안을 생각해 냈어. 역시 우리, 불의 힘이 있어야 한다니깐!

사람들이 관심을 갖는 연료 중 대표적인 것이 바이오매스야. **바이오매스**는 에너지로 사용할 수 있는 모든 생물체를 뜻해. 바이오매스라고 하니까 뭔가 어려운 단어처럼 들린다고? 에이, 미리 겁먹을 거 없어. 나무가 바로 대표적인 바이오매스인걸 뭐. 화석 연료와는 달리 나무는 다시 자라날 수 있는 자원이잖아. 최근 관심을 받고 있는 바이오매스는 다름 아닌 가축의 배설물이나 음식물 쓰레기 같은 것들이야. 사람들은 이런 쓰레기가 썩을 때 메탄이나 수소 같은 기체가 나온다는 것을 발견했어. 물론 이런 기체들은 불에 아주 잘 타는 연료야. 그래서 쓰레기가 썩을 때 나오는 기체를 모아 연료로 사용하기 시작했지. 또 쓰레기가 탈 때 나오는 열을 이용해 전기를 만드는 발전소를 세우기도 했어.

그런데 말이야, 이 모든 방법에도 불구하고 지구를 위해 가장 좋은 방법은 우리의 힘을 가능한 한 적게 사용하는 것일 거야. 사람들은 아주 오랜 옛날부터 지금까지 우리를 이용해 에너지를 만들어 내고 있는데, 우리가 탈 때는 대부분 이산화탄소나 다른 대기 오염 물질이 나오게 마련이야.

　사람들이 에너지를 만들어 내는 과정에서 발생한 이산화탄소는 지구 온난화를 불러일으키고, 이로 인해 수많은 기상 변화가 생기고 있단다. 세계 곳곳에서 홍수, 태풍, 토네이도, 가뭄 등의 재해가 자꾸 늘어나서 인류의 발전과 함께해 온 나로서는 걱정이 되기도 해.

　하지만 난 믿어. 사람들이 더 나은, 더 좋은 방법을 찾아낼 수 있을 거라는 걸. 지금까지 우리에 대해 알아내고, 더 잘 활용해서 역사와 시대를 바꾸어 왔던 것처럼 말이야.

마치며

나와 함께 불의 세계를 돌아본 소감이 어때?
이제 우리의 정체가 무엇인지도 알고,
우리를 어떻게 다루고 사용해야 할지도 감을 잡았다고?
그래, 우리는 사람들의 생활에 큰 도움을 주지만
때로는 걷잡을 수 없이 사나워지니까 항상 주의해야 해.
하지만 너라면 걱정 없어. 우리에 대해 확실히 알았을 테니까.
앞으로 어디선가 활활 타오르는 불을 볼 때마다
우리가 열심히 일하고 있다는 걸 기억해 줘.

이제 야무진 과학씨로 돌아갈 시간이야.
그럼, 안녕!

라부아지에(1743~1794)
프랑스의 화학자로 산소의 정체를 알아내고 최초로 산소라는 이름을 붙였어. 라부아지에는 3년의 실험 끝에 공기 속에 포함된 기체 중 하나인 산소가 연소와 호흡에 쓰인다는 것을 밝혀냈어. 또 플로지스톤설이 잘못되었다는 것과 '불은 물질이 산소와 결합하면서 열과 빛을 내는 현상'이라는 것을 처음으로 밝혀냈어.

발화점
어떤 물질의 연소가 일어나기 시작하는 가장 낮은 온도를 말해. 즉 어떤 물질이 열을 받아 타기 시작하는 온도야. 물질이 타려면 온도를 발화점 이상으로 높여 주어야 하는데, 발화점은 물질마다 달라. 그래서 발화점이 낮은 물질은 조금만 열을 받아도 쉽게 타지만, 발화점이 높은 물질은 잘 타지 않아.

소화
연소의 3요소 중 하나를 없애서 연소가 일어나지 못하도록 막는 것이야. 소화의 방법으로는 탈 물질을 없애거나, 산소 공급을 막거나, 온도를 발화점 아래로 낮추는 방법이 있어. 불이 났을 때 물을 뿌리면 물질의 온도가 낮아지고, 담요나 모래를 덮으면 산소의 공급이 차단돼. 또 맞불을 놓는 것은 탈 물질을 미리 없애는 방법이지.

에너지
불이 탈 때는 열에너지와 빛 에너지가 만들어져. 에너지는 사물을 움직이게 하고, 일을 할 수 있는 모든 능력을 말해. 에너지는 여러 가지 모습을 가질 수 있어. 예를 들면 연료나 음식물처럼 물질에 저장되어 있는 화학 에너지, 높은 곳에 있는 물체가 가진 위치 에너지, 움직이는 물체가 가진 운동 에너지, 가장 일반적인 형태인 열에너지, 그리고 빛이나 소리, 전기, 자기도 에너지의 한 종류야.

연료

나무, 석유, 석탄, 천연가스처럼 불에 잘 타는 물질을 '연료'라고 해. 연료는 상태에 따라 나무나 숯, 석탄 같은 고체 연료, 석유나 알코올 같은 액체 연료, 프로판가스나 부탄가스 같은 기체 연료로 나눌 수 있어. 사람들은 연료를 태워서 에너지를 얻어.

연소

어떤 물질이 산소와 결합하면서 빛과 열을 내는 현상을 말해. 연소가 일어나는 동안 생기는 빛과 열은 '불'이라고 해. 연소가 일어나려면 불에 타는 물질인 연료, 산소, 발화점 이상의 높은 온도가 필요한데, 이 세 가지 조건을 '연소의 3요소'라고 해.

플로지스톤설

독일의 화학자 슈탈(1660~1734)이 주장한 것으로 '불이 타는 현상은 물질 속의 플로지스톤이 공기 중으로 빠져나가는 과정'이라고 설명한 이론이야. 그러니까 불에 타는 물질, 즉 연료는 재와 플로지스톤이 결합된 것이고, 연소라는 과정을 통해 플로지스톤이 빠져나가는 동안 빛과 열이 생기면서 재가 남는다고 생각한 거야. 이렇게 공기로 빠져나간 플로지스톤은 식물로 흡수되어, 다시 연료가 될 수 있다고 말하기도 했어. 그 전까지는 불을 물질의 한 종류라고 여겼는데, 슈탈이 처음으로 불을 연소라는 현상으로 설명한 거야.

감수자의 말

불을 통해 과학적 탐구를 해요

불은 우리 주변에서 쉽게 접하는 현상이고, 생활 속에서 많이 쓰이고 있기 때문에 우리에게 매우 친숙합니다. 그러나 아주 먼 옛날에는 불이 인간에게 경이롭고 두려운 대상이었습니다. 대단한 위력을 가진 불이 어떻게 생기는지, 또 어떻게 꺼야 할지 알 수가 없었기 때문입니다.

인류에게 있어 불의 이용은 석기의 사용과 함께 인류 문명을 발전시켜 온 원동력입니다. 그러나 인간이 불의 정체를 정확하게 알게 된 것은 겨우 230여 년밖에 되지 않습니다. 정확히 알지 못한 상태에서 오랫동안 불을 사용해 온 것이지요. 그만큼 불의 정체를 알아내는 일은 어려웠습니다. 이렇게 오리무중이던 불의 세계를 이 책에서는 재미있고 알기 쉽게 풀어 놓았습니다.

자연에 존재하는 사물이나 자연 현상들을 다각적인 측면에서 들여다보면 모두 궁금 덩어리들입니다. 그리고 자연에 대한 탐구는 바로 이 궁금증에서 출발하는 것이지요. 이 책에서는 이러한 궁금증을 의문 제기, 설명, 실험, 근거 제시, 논리적 추론, 모형의 활용 등 다양한 방법을 동원하여 풀어 가고 있습니다.

특히 연소의 과정을 양초가 타는 현상에 대한 면밀한 관찰을 통해 설명하는 것이나 불꽃의 모양을 추리해 가는 과정에서 이러한 과학적 탐구의 단면을 잘 보여 주고 있습니다. 인공위성에서의 촛불 모양을 예상해 보는 가상적 추리 활동도 돋보입니다.

많은 사람들이 과학적인 얘기는 재미없고 어렵다고 여깁니다. 특히 불처럼 어려운 주제는 더욱 그렇지요. 이 책에서는 이러한 어려움을 학생들의 눈높이에 맞추어 쉽게 풀어 주고 있습니다. 지은이가 오랫동안 교육 현장에서 학생들을 대하고 이해한 덕분에 그 눈높이에 맞출 수 있었던 거지요.

과학책이 사물이나 자연 현상에 대한 재미있는 읽을거리를 제공해 줄 뿐만 아니라, 그를 통해 기본 과학 개념에 대한 이해를 돕고, 사물을 과학적으로 보는 안목을 키우는 데 도움이 된다면 더 이상 바랄 게 무엇이 있을까요? 이 책은 어린이들이 우리 주변의 사물이나 자연 현상에 좀 더 관심을 갖게 하고, 궁극적으로는 과학적 소양을 갖춘 어른으로 성장해 가는 데 도움이 되리라 믿습니다.

일러두기
- 맞춤법, 띄어쓰기는 국립국어원에서 펴낸 《표준국어대사전》을 기준으로 삼았습니다.
- 외국 인명, 지명은 국립국어원의 《외래어 표기 용례집》을 따랐습니다. 《외래어 표기 용례집》에 나오지 않는 인명, 지명은 현지음에 가깝게 적었습니다.